ORDONNANCE
DU ROI,

PORTANT

RÉGLEMENT

SUR LE SERVICE INTÉRIEUR, LA POLICE ET LA DISCIPLINE

DES QUATRE COMPAGNIES

DES GARDES-DU-CORPS DU ROI

ET DE LA COMPAGNIE

DES GARDES-DU-CORPS DE S. A. R. *MONSIEUR*.

A PARIS,

DE L'IMPRIMERIE ROYALE.

1822.

TABLE
DES TITRES ET DES ARTICLES.

B

MARÉCHAL-DES-LOGIS EN CHEF.

MARÉCHAUX-DES-LOGIS.

Maréchal-des-logis de peloton.

Service de semaine.

MODE DE RÉCEPTION DES OFFICIERS SUPÉRIEURS
ET INFÉRIEURS.

CONSIGNE GÉNÉRALE POUR LA GARDE DE POLICE.

SERVICE DES HOMMES D'ÉQUIPAGE ET CONSIGNE DES GARDES D'ÉCURIE.

SERVICE DU MARÉCHAL VÉTÉRINAIRE.

C

(10)

RÉCLAMATIONS.

ASSIETTE DU LOGEMENT. — CASERNEMENT.

TABLES.

DETTES.

ROUTES DANS L'INTÉRIEUR.

Dispositions préliminaires.

D

DÉTACHEMENS.

ESCORTES.

MAJOR DES GARDES-DU-CORPS ET AIDES-MAJORS DES GARDES-DU-CORPS.

ADJUDANT DE L'HÔTEL.

ORDONNANCE
DU ROI,
PORTANT
RÈGLEMENT
SUR
LE SERVICE INTÉRIEUR, LA POLICE ET LA DISCIPLINE
DES GARDES-DU-CORPS.

DE PAR LE ROI.

SA MAJESTÉ, considérant qu'il est du bien de son service que toutes les troupes de ses armées soient assujetties à une discipline et à une police uniformes, par des réglemens qui, en prévoyant et fixant tous les détails pour chaque arme, ne permettent pas que rien soit arbitraire ou indéterminé, ni que les officiers, en passant d'un commandement ou d'un corps à un autre, y trouvent aucune différence dans le mode de service, a appliqué à ses gardes-du-corps le réglement sur le service intérieur, la police et la discipline des troupes de cavalerie, comme il suit :

PRINCIPES GÉNÉRAUX DE LA SUBORDINATION.

La discipline faisant la force principale des armées, le Roi veut que tout supérieur trouve dans ses subordonnés une obéissance absolue, et que tous ses ordres soient exécutés littéralement, sans hésitation ni murmure. L'autorité qui les donne en est responsable, et la réclamation est permise à celui qui a obéi.

SA MAJESTÉ défend à tout supérieur, de quelque grade qu'il soit, de jamais se permettre envers ses inférieurs aucun fait, aucun geste, aucun propos tendant à les injurier; Elle ordonne que les punitions soient toujours infligées par le seul sentiment du devoir, et prescrites conformément au présent réglement; qu'enfin les supérieurs traitent leurs subordonnés avec autant d'égards que de justice.

SA MAJESTÉ entend que la subordination soit graduelle, suivant l'ordre hiérarchique des emplois. En conséquence, le garde-du-corps doit obéir au brigadier; le brigadier au brigadier-fourrier et au maréchal-des-logis de 2.ᵉ classe; le brigadier-fourrier et le maréchal-des-logis de 2.ᵉ classe au maréchal-des-logis de 1.ʳᵉ classe; le maréchal-des-logis de 1.ʳᵉ classe au maréchal-des-logis en chef; le maréchal-des-logis en chef à l'adjudant; l'adjudant au porte-étendard; le porte-étendard au sous-lieutenant; le sous-lieutenant au lieutenant; le lieutenant au lieutenant-major, en ce qui concerne l'administration; le lieutenant et le lieutenant-major au lieutenant-commandant; le lieutenant-commandant au capitaine des gardes.

Indépendamment de cette subordination graduelle, SA MAJESTÉ prescrit qu'en tout ce qui concerne le service en général et l'ordre public, lorsque plusieurs officiers supérieurs, inférieurs ou gardes-du-corps se trouvent ensemble, ou avec des officiers d'autres corps, quelle que soit l'arme, la même obéissance ait lieu envers le plus ancien d'entre eux, de la part de ceux qui seraient moins anciens, comme si le premier avait le grade supérieur.

SA MAJESTÉ veut également qu'en toute circonstance, même hors du service, l'inférieur se comporte avec déférence envers les supérieurs, de quelque corps ou arme qu'ils soient; qu'il le prévienne par les marques de respect et le salut d'usage, et que réciproquement tout supérieur ait pour son inférieur les égards convenables, et lui rende toujours le salut.

CAPITAINE DES GARDES.

(Remplit les fonctions de colonel d'un régiment de cavalerie.)

ARTICLE 1.ᵉʳ

Attributions générales.

Les devoirs et l'autorité du capitaine des gardes s'étendent à toutes les parties du service. Il est responsable de la police, de la discipline, de l'instruction du corps dont le comman-

(17)

dement lui est est confié, et il en surveille l'administration.
Sans se livrer à tous les détails, il doit en saisir l'ensemble,
les diriger de manière que chacun puisse accomplir et accom-
plisse en effet toutes les obligations qui lui sont imposées, et
trouve dans l'exercice réel des droits de son grade, une source
d'émulation et d'instruction. Ainsi l'autorité du capitaine des
gardes doit se faire sentir autant par une action régulatrice que
par une action immédiate; elle est le recours et l'appui de
tous. Il doit exécuter et faire exécuter tout ce qui est prescrit
par les ordonnances et réglemens, et tout ce qui peut l'être par
les ministres secrétaires d'état de la guerre et de la maison du
Roi, chacun en ce qui le concerne.

ART. 2.

Les compagnies des gardes-du-corps ne sont pas tenues au
service des places; toutefois elles se conforment, en temps de
paix, aux ordres généraux pour la police, et, en temps de
guerre, on les emploie aux postes les plus honorables de la défense ou de l'attaque.

Devoirs à l'égard du service des places.

ART. 3.

Le capitaine des gardes fait habituellement, et autant que
possible, passer tous ses ordres pour le service intérieur et la
discipline de sa compagnie par le lieutenant-commandant, et
pour l'administration par le lieutenant-major. L'un et l'autre
lui rendent compte, ainsi qu'il est prescrit au présent réglement.

Ordres du capitaine des gardes, donnés par l'intermédiaire du lieu- tenant-commandant et du lieutenant-major.

Lorsqu'il est absent, il reçoit tous les rapports du lieutenant-
commandant, qui, présidant alors le conseil, reçoit ceux du
lieutenant-major.

ART. 4.

Le capitaine des gardes se fait représenter, tous les mois,
et plus souvent s'il le juge à propos, le registre tenu par le
lieutenant-commandant, tant des punitions infligées aux
officiers de tout grade qui composent la compagnie, que
des notes concernant leur conduite militaire et privée.

Notes sur les officiers de tout grade composant la compagnie.

ART. 5.

Quoique président du conseil d'administration, le capitaine
des gardes doit s'abstenir de donner, de son autorité privée,
des ordres en matière d'administration, les membres du conseil
étant solidairement responsables.

Droits et obligations du capitaine des gardes en matière d'adminis- tration.

E

Lorsqu'il a suspendu l'effet d'une délibération qui lui aurait paru contraire aux ordonnances de Sa Majesté ou aux intérêts du corps, ou simplement hors des attributions du conseil, il en réfère au ministre compétent, ou au sous-intendant militaire, s'il ne s'agit que d'un objet isolé d'administration, et de rigueur à ce dernier, s'il s'agit de comptabilité, c'est-à-dire, de la justification des dépenses.

Le capitaine des gardes, spécialement en sa qualité de président du conseil, se fait fréquemment rendre compte par le lieutenant-major, des détails d'administration de sa compagnie, afin de s'assurer si cet officier y apporte le zèle, la surveillance et la capacité nécessaires, dans le double intérêt de l'État et des officiers qui la composent. Il passe de rigueur, chaque année, deux revues générales de l'habillement, de l'équipement, du harnachement, de l'armement, des ateliers et des magasins. Ces revues doivent servir à constater le véritable état de l'administration, et à préparer toutes les demandes, propositions et redditions de comptes.

ART. 6.

Demandes d'avancement et de récompenses.

Le mode de proposition à l'avancement et aux récompenses est déterminé par l'article 27 de l'ordonnance du 30 décembre 1818.

ART. 7.

Cas d'absence.

En cas d'absence ou de maladie grave du capitaine des gardes, l'autorité qui lui est attribuée appartient de droit au lieutenant-commandant, ou, à son défaut, à l'officier supérieur le plus élevé d'emploi, et, à égalité d'emploi, au plus ancien.

L'officier commandant la compagnie rend compte au capitaine des gardes de service près du Roi, et prend ses ordres pour le service.

ART. 8.

Visites de corps.

Le dimanche, le capitaine des gardes reçoit les officiers supérieurs; en son absence, cette visite est faite au lieutenant-commandant, ou à tout autre officier supérieur commandant la compagnie.

Quand les localités ou le service rendent trop difficiles les visites dans l'ordre hiérarchique, le commandant de la compagnie peut en abréger le mode.

Les visites de corps aux personnes à qui il en est dû, sont faites en grande tenue.

LIEUTENANT-COMMANDANT.

(Remplit les fonctions de lieutenant-colonel d'un régiment de cavalerie.)

ART. 9.

Les fonctions du lieutenant-commandant sont de com- Attributions générales.
mander en second la compagnie sous les ordres du capitaine
des gardes, lorsque celui-ci est présent; de le remplacer lorsqu'il est absent, et d'être ainsi, dans l'un et dans l'autre cas,
son intermédiaire dans toutes les parties du service, sans qu'il
soit dérogé à ce qui sera dit au sujet du lieutenant-major, en
matière d'administration, lorsque le capitaine des gardes est
présent.

En conséquence, le lieutenant-commandant reçoit et transmet tous les ordres du capitaine pour ce qui concerne le
service, la discipline, la tenue et l'instruction. L'adjudant-
major l'informe de ceux qui auraient été donnés extraordinairement sans son intermédiaire. Le lieutenant-commandant
doit s'assurer de la stricte exécution des uns et des autres :
lorsqu'il les expédie littéralement, il les certifie conformes;
lorsqu'il les rédige lui-même, il exprime que ce sont ceux du
capitaine des gardes, attendu que les intentions du premier
doivent être observées, même en ce qu'il est des fonctions
du lieutenant-commandant de surveiller, vérifier ou prescrire,
afin qu'il n'y ait dans le service qu'une seule impulsion.

ART. 10.

Tous les jours, à dix heures, il se rend chez le capitaine Rapports au capitaine
des gardes avec l'adjudant-major, après avoir reçu du lieute- des gardes. Transmission
nant de semaine le rapport journalier, sur lequel il inscrit ses de ses ordres.
observations et propositions. Il peut quelquefois, avec l'agré-
ment du capitaine des gardes, et lorsque l'intérêt du service
ne s'y oppose pas, se faire suppléer, chez le capitaine des
gardes, par le lieutenant de semaine.

Après que le capitaine des gardes a prononcé sur les objets
contenus au rapport, et sur les propositions que le lieutenant-
commandant lui a faites, relativement aux inspections, à l'instruction, à la police ou à tout autre service, ainsi qu'aux
détails de police de la place, il charge l'adjudant-major de
transmettre de suite les décisions dont l'exécution serait

pressante, et de communiquer les autres, lors de la garde montante, au lieutenant de semaine et au cercle.

Il se rend lui-même, autant qu'il le peut, à l'assemblée de la garde, pour s'assurer que les ordres soient donnés et exécutés avec précision.

Il reçoit les rapports sur les distributions de fourrages et autres, sur les visites d'hôpitaux, salles d'arrêts ou prisons, ainsi que le billet général d'appel, et, à moins de circonstances extraordinaires ou d'ordres contraires, il peut remettre au lendemain le compte qu'il doit rendre au capitaine des gardes.

Lorsque le capitaine des gardes est absent, le lieutenant-commandant lui adresse, toutes les semaines, sur le service et la discipline de la compagnie, un rapport général qui est le sommaire des rapports journaliers; il y ajoute l'analyse des rapports du lieutenant-major sur l'administration. Il lui rend encore sommairement compte, à la même époque, des ordres reçus et des dispositions prises en conséquence. Ces rapports de semaine ne dispensent pas le lieutenant-commandant d'écrire extraordinairement au capitaine des gardes, sur tout objet urgent.

Il fait exécuter les ordres généraux que le capitaine des gardes de la compagnie a laissés, à moins que quelque motif puissant ne s'y oppose, auquel cas il en réfère au capitaine des gardes de service ou au sous-intendant militaire, selon qu'il y a lieu.

Ce qui est prescrit au lieutenant-commandant, à l'égard du capitaine des gardes absent, est également observé par tout autre officier commandant la compagnie.

ART. 11.

Visites du dimanche.

Le dimanche, lorsqu'il n'y a pas d'inspection, le lieutenant-commandant, accompagné de l'adjudant-major et du chirurgien-major, se présente, à l'heure indiquée, chez le capitaine des gardes.

ART. 12.

Rassemblement de la compagnie.

Quand la compagnie prend les armes à cheval ou à pied, le lieutenant de semaine la rassemble; après quoi le lieutenant-commandant en prend le commandement, qu'il garde jusqu'à l'arrivée et pendant l'inspection du capitaine des gardes. Lorsque l'étendard est parti, le lieutenant-commandant ramène la compagnie à l'hôtel, fait mettre pied à terre et défiler, et fixe le moment de la sonnerie pour desseller.

Quand c'est le lieutenant-commandant qui fait l'inspection en l'absence du capitaine des gardes, la compagnie est rassemblée par le lieutenant de semaine, et commandée par le plus ancien lieutenant, qui la conduit sur le terrain, et la ramène à l'hôtel.

Lorsque le capitaine des gardes a pris le commandement de sa compagnie, soit pour marcher, soit pour manœuvrer, le lieutenant-commandant se porte par-tout où il juge lui-même sa présence nécessaire, et où le capitaine des gardes juge à propos de l'envoyer pour la rectification et la surveillance de la marche ou des manœuvres.

ART. 13.

Le lieutenant-commandant tient le registre d'ordres. Il exige que celui de chaque escadron soit régulier, qu'il soit exactement communiqué aux officiers supérieurs et signé par eux; que l'adjudant le signe les jours où il n'y a rien de nouveau; et qu'au retour d'une absence, lesdits officiers, ainsi que ceux de l'état-major, prennent connaissance de tout ce qui y a été inscrit depuis leur départ.

Registres d'ordres, de punitions, d'avancement. Notes sur les officiers inférieurs et gardes. Journal à la guerre, &c.

Il tient en outre, 1.° un registre contenant les punitions des officiers composant la compagnie, et les notes concernant leur conduite militaire et privée; 2.° un tableau des sujets les plus propres aux emplois d'officiers inférieurs, contenant le précis de tous les faits en faveur ou au désavantage des candidats; ce tableau est formé d'après les notes des commandans d'escadrons et des instructeurs; 3.° enfin un registre où sont inscrites toutes les actions qui peuvent honorer les individus ou le corps.

Il rédige le journal des marches et opérations militaires de la compagnie. En son absence, le capitaine des gardes désigne un autre officier pour cet objet.

ART. 14.

Lorsque le lieutenant-commandant est grièvement malade ou absent, ses fonctions sont remplies par le plus ancien lieutenant, qui n'en fait pas moins le service de semaine à son tour, si le capitaine des gardes est présent.

Cas d'absence.

ART. 15.

En temps de paix, lorsque la compagnie est divisée, le lieu-

Cas de séparation de la compagnie.

F

tenant-commandant peut être placé à l'escadron où n'est pas le capitaine des gardes, si l'intérêt du service l'exige impérieusement ; autrement il reste avec le capitaine des gardes, pour diriger, sous ses ordres, toutes les parties du service.

En campagne, si la compagnie est divisée en deux parties à-peu-près égales, le lieutenant-commandant commande l'escadron qui ne se trouve pas immédiatement sous les ordres du capitaine des gardes.

Quand le lieutenant-commandant commande une partie de la compagnie, il a près de lui l'adjudant-major ou l'adjudant. Le capitaine des gardes en décide au besoin.

CONSEIL D'ADMINISTRATION
ET LIEUTENANT-MAJOR.

(Remplit les fonctions de major d'un régiment de cavalerie.)

ART. 16.

Le conseil ne s'immisce dans aucune partie du service.

Le conseil d'administration ne peut s'immiscer dans les affaires du service, de police, de discipline ni d'avancement, ses fonctions se bornant uniquement à l'administration ; néanmoins il certifie, comme extraits des registres, les états de services, campagnes et blessures des officiers proposés pour obtenir de l'avancement, des décorations ou d'autres récompenses.

ART. 17.

Attributions générales du lieutenant major.

Le lieutenant-major dirige et contrôle toutes les parties de l'administration et de la comptabilité, exerçant à l'égard des commandans d'escadron, du trésorier et de tous les autres officiers chargés de détails, la surveillance et les droits du conseil d'administration, dont il est l'agent et le rapporteur.

Toutes les dépêches et décisions sur l'administration de la compagnie lui sont remises par le président, qui y ajoute les dispositions qu'il juge convenables pour en assurer l'exécution.

Le lieutenant-major donne au trésorier et aux autres officiers de détails, les ordres et les instructions qui les concernent.

Il veille à la rédaction des délibérations, lettres, rapports, états, attestations, pièces de comptabilité ; en un mot, de tout ce qui doit être signé, soit par le conseil, soit par le président seulement.

(25)

Il soumet au président les affaires sur lesquelles il devient nécessaire que le conseil délibère ; il fait le rapport de toutes celles que le président met en délibération ; il donne les éclaircissemens et produit les documens dont le conseil ou chaque membre peut avoir besoin, sur les faits, ainsi que sur l'application des réglemens.

Il donne lecture au conseil, des dépêches reçues dans l'intervalle des séances ; il rend compte des dispositions qu'elles ont nécessitées, et propose celles qu'elles paraissent devoir exiger ; il peut se faire suppléer par le trésorier dans la lecture des pièces, et veille à ce qu'il prenne exactement note des discussions et des décisions, pour rédiger plus tard le procès-verbal de la séance, s'il est impossible de le rédiger séance tenante.

ART. 18.

Le lieutenant-major reçoit, tous les matins, des lieutenans par les fourriers, et du trésorier par l'un des secrétaires, chacun pour ce qui le concerne, l'état des mutations et mouvemens de la veille. Les commandans de détachemens lui envoient les leurs aux époques déterminées par les réglemens d'administration ou par les ordres qu'ils ont reçus. *Contrôles et mutations.*

Il adresse un état général de mutations et mouvemens au sous-intendant militaire, tous les jours, s'il est dans la place, et tous les cinq jours, s'il réside ailleurs.

ART. 19.

Il assure l'exactitude des états d'effectif et bons relatifs aux subsistances et aux fourrages, en se conformant aux réglemens d'administration. *Subsistances. Visites d'hôpital.*

Le lieutenant de semaine lui rend compte de tout ce qui est relatif aux distributions de subsistances et de fourrages, ainsi qu'aux visites d'hôpital.

ART. 20.

Pour garantir au conseil la régularité de la marche de l'administration, le lieutenant-major a le droit de faire tel examen qu'il juge nécessaire, concernant les fonds, les registres et les pièces de dépenses du trésorier, les registres du brigadier d'habillement, ceux des autres officiers chargés de détails, les magasins, les ateliers du corps et l'administration intérieure des *Vérifications relatives à l'administration et à la comptabilité.*

escadrons. A l'expiration de chaque trimestre, il procède à la vérification générale de ces diverses parties.

A la même époque, il passe une revue de détail de chaque escadron, afin de constater les effets à fournir ou à remplacer, et ceux à réparer dans le trimestre suivant.

Dans cette même revue, il vérifie le compte ouvert de chaque officier inférieur et garde.

Il fait la même vérification relativement à la masse d'habillement et de linge et chaussure des hommes d'équipage.

ART. 21.

Arrêtés des registres des divers comptables.

Après avoir contrôlé les opérations des divers comptables dans les premiers jours de chaque trimestre, le lieutenant-major signe tous les registres, et dès-lors est responsable avec eux des inexactitudes qui pourraient s'y trouver.

ART. 22.

Résultats des vérifications du lieutenant-major, soumis au conseil.

Ce travail terminé, et en attendant que la comptabilité générale du trimestre expiré puisse être vérifiée, close et arrêtée provisoirement par le conseil, conformément aux réglemens, le lieutenant-major lui présente la situation de l'actif et du passif de la caisse, celle des magasins, l'état des effets à confectionner, celui des besoins en étoffes et autres matières, enfin l'aperçu des dépenses à faire dans le trimestre courant.

Le lieutenant-major rend compte au capitaine des gardes de l'état approximatif de la masse d'habillement et linge et chaussure des hommes d'équipage, des réclamations qui peuvent avoir été faites, et des distributions qu'il a ordonnées pour compléter le porte-manteau de chaque homme. Il présente au conseil d'administration, quand la revue est arrêtée, l'état du décompte revenant à chaque homme, afin que le paiement en soit autorisé.

ART. 23.

Changement de conseil ou de capitaine des gardes.

A chaque renouvellement de conseil d'administration ou changement de capitaine des gardes, le lieutenant-major fait établir la situation de la caisse et celle des magasins, en partant des derniers arrêtés de compte, pour les présenter en séance au nouveau capitaine des gardes ou au nouveau conseil.

ART. 24.

Le lieutenant-major est chargé de la correspondance relative aux admissions, de la surveillance des actes de l'état civil,
et de la recherche des officiers inférieurs et gardes aux hôpitaux externes depuis plus de six mois, en se conformant
aux ordonnances, réglemens et instructions sur ces différens
objets.

*Admissions, état ci-
vil, &c.*

ART. 25.

Il dirige l'officier chargé du casernement, dans les dispositions relatives à ce service. (*Voyez* l'article 72.)

Casernement.

ART. 26.

Il peut être éventuellement appelé à la surveillance de
l'instruction, outre les théories dont il est chargé au titre
Instruction.

*Instruction, théories
et service.*

Il peut encore, si le capitaine des gardes l'approuve, remplacer, pour le service de semaine et dans les manœuvres, un
lieutenant absent; mais, dans aucun cas, le capitaine des gardes
ne doit lui imposer d'obligation qui gênerait ses attributions
spéciales.

ART. 27.

Le jeudi et le dimanche, et toutes les fois qu'il en reçoit
l'ordre, il se rend chez le capitaine des gardes, et lui fait un
rapport sommaire et verbal sur toutes les parties du service
courant de l'administration. Le capitaine des gardes indique
les objets sur lesquels il desire occasionnellement un rapport
spécial et par écrit.

*Rapports. Réunions
pour revues particu-
lières. Visite du diman-
che.*

Quand le capitaine des gardes est absent, le lieutenant-
major doit le même rapport au lieutenant-commandant; il le
doit encore, en l'absence du lieutenant-commandant, au lieutenant qui commanderait la compagnie.

Lors même que le capitaine des gardes est présent, le lieutenant-major est tenu de donner au lieutenant-commandant
tous les éclaircissemens qu'il peut demander sur l'administration.

C'est à ce dernier qu'il s'adresse pour les réunions d'officiers
supérieurs, officiers inférieurs et gardes, auxquelles donnent
lieu les revues et autres mesures d'administration, afin que le

G

lieutenant-commandant les combine avec les autres parties du service, et prenne les ordres du capitaine des gardes.

Les dimanches, il se rend, avec les officiers de l'administration, chez le capitaine des gardes.

ART. 28.

Cas d'absence ou de commandement.

En cas d'absence, ou lorsque, à son rang d'ancienneté, il réclame le commandement de la compagnie pour plus de quinze jours, il est suppléé par le plus ancien sous-lieutenant ou un lieutenant au choix du capitaine des gardes.

Il a la police supérieure des hommes d'équipage et de tous les détails d'administration et autres qui y sont relatifs.

TRÉSORIER.

ART. 29.

Responsabilité, Fonctions au conseil.

Le trésorier est responsable envers le conseil d'administration, de tous les fonds qui lui sont confiés et de la tenue de ses livres. Le président du conseil et le lieutenant-major sont libres de faire, à cet égard, toutes les vérifications qu'ils jugent convenables.

Comme secrétaire du conseil, le trésorier rédige, sous la surveillance du lieutenant-major, toutes les lettres et tous les actes que le conseil doit signer.

ART. 30.

Mutations.

Tous les jours, entre sept et huit heures du matin, il prend connaissance des mutations de la compagnie, et il les enregistre, d'après le rapport journalier que les fourriers lui apportent à cet effet, conformément à l'article 186. Dans la matinée, il envoie au lieutenant-major, par un de ses secrétaires, l'état des mutations survenues dans l'état-major.

Lorsque la compagnie est dans sa garnison, le trésorier résidant à Paris, tous les rapports lui sont adressés par les maréchaux-des-logis en chef.

Il signe et enregistre les billets d'hôpital.

ART. 31.

Subsistances.

Il signe les bons de subsistances, les totalise, en se conformant, ainsi que le lieutenant-major, aux dispositions prescrites à cet égard par les réglemens concernant l'administration.

ART. 32.

A l'expiration de chaque mois, le trésorier fait la solde aux officiers inférieurs et gardes de chaque escadron, en présence du maréchal-des-logis en chef.

Tous les dix jours, il fait aux brigadiers-fourriers chargés de ce détail, le prêt des hommes d'équipage, sur une feuille provisoire par eux certifiée et approuvée par le lieutenant-major.

Solde.

ART. 33.

Il remet aux commandans de détachemens les livrets de solde, modèles d'états et instructions pour leur comptabilité ; il ne peut refuser les renseignemens que demandent, pour ce qui les concerne, les officiers chargés de divers détails.

Instruction aux détachemens et aux officiers de détails.

ART. 34.

Tous les dimanches, il se rend chez le lieutenant-major à l'heure qu'il aura indiquée.

Visite du dimanche.

ART. 35.

S'il y avait dans la compagnie un officier payeur, ses fonctions près du trésorier seraient déterminées par les réglemens d'administration. En détachement, elles seront analogues à celles du trésorier, sauf les obligations particulières qui lui sont imposées par ses instructions et par les réglemens sur l'administration.

Officier-payeur.

En ce qui est de la discipline et de la subordination personnelle, il est, dans tous les cas et selon son grade, soumis aux mêmes règles que le trésorier.

OFFICIER D'HABILLEMENT.

ART. 36.

L'officier d'habillement est spécialement chargé, sous la surveillance et la direction du lieutenant-major, de la confection, de la conservation et de la distribution des effets; il est aussi chargé de l'armement.

Attributions.

ART. 37.

Il peut avoir pour adjoint et à ses ordres un officier d'un grade inférieur au sien, exempt, comme lui, de service, choisi

Adjoint.

par lui et agréé par le conseil d'administration, sur la proposition du lieutenant-major, pour l'aider dans le détail des confections, des distributions, et dans la tenue des écritures; mais il est seul responsable envers le conseil.

ART. 38.

Distributions.

Les distributions d'armes, d'effets neufs de toute nature, n'ont lieu que sur l'autorisation du conseil d'administration, en se conformant au règlement du 16 août 1820.

ART. 39.

Réparations.

Les réparations sont faites par les ouvriers du corps, sur les bons du maréchal-des-logis en chef de l'escadron, qui spécifie au compte de qui elles doivent être imputées. L'officier d'habillement vise le bon, après avoir reconnu que la réparation est exprimée comme elle doit l'être, et réellement imputable sur la masse indiquée : en cas de contestation à cet égard, le lieutenant-major prononce. L'officier d'habillement ne rend les effets qu'après s'être assuré que la réparation a été bien faite.

Il est chargé du détail de l'habillement et du linge et chaussure des hommes d'équipage, et de toutes les écritures relatives à ce détail. Le magasin est ouvert tous les jours, à huit heures du matin, pour le visa des bons de réparations concernant la sellerie, quand elles ne sont pas faites par abonnement; tous les lundis, pendant la matinée, pour les autres réparations, et les samedis pour la remise des effets; ces dispositions étant essentielles pour régler le travail des ouvriers et suivre les ordres donnés aux inspections du samedi et du dimanche.

Les effets mal réparés, comme ceux mal confectionnés, sont retouchés au compte du maître ouvrier.

ART. 40.

Effets à remettre au magasin.

Le magasin est ouvert tous les jours pour la réception des effets des officiers inférieurs et gardes morts, et de ceux qui vont aux hôpitaux ou en congé.

ART. 41.

Autorité sur les maîtres ouvriers.

Les maîtres ouvriers ne peuvent recevoir d'ordres pour leurs travaux que de l'officier d'habillement ou de son adjoint, ni admettre aucun bon qu'il ne soit revêtu de la signature de l'un ou de l'autre de ces officiers.

Ils ne peuvent délivrer eux-mêmes, ni effets neufs, ni effets réparés : tout doit être reporté au magasin, pour être soumis à la vérification de l'officier d'habillement et distribué par ses soins.

L'officier d'habillement est autorisé à demander au lieutenant-major le remplacement de tout maître ouvrier incapable, infidèle ou de mauvaise conduite, et à punir de la consigne ou de la prison ceux qui s'écartent de leurs devoirs.

ART. 42.

L'officier d'habillement est exempt de service habituel, à moins que le capitaine des gardes ne juge à propos qu'il assiste aux théories et aux manœuvres. Au dépôt, lorsqu'il y a insuffisance dans le nombre des officiers inférieurs, il est tenu de remplir, au besoin, tous les devoirs que le lieutenant-major peut lui imposer.

Exempt de service.

ART. 43.

Il se rend tous les dimanches chez le lieutenant-major pour l'accompagner chez le capitaine des gardes, et il se trouve à toutes les visites ou cérémonies qui demandent la réunion des officiers inférieurs, à moins qu'il n'en ait été spécialement excepté par le lieutenant-major, qui, dans ce cas, en rend compte au capitaine des gardes.

Visites de corps.

ART. 44.

Si le bien du service exige que les officiers supérieurs et inférieurs défèrent aux demandes de l'officier d'habillement en ce qui concerne les détails dont il est chargé, il ne leur refuse, par la même raison, aucun des renseignemens dont ils peuvent avoir besoin.

Relations avec les officiers et les maréchaux-des-logis en chef.

ART. 45.

L'adjoint est chargé, sous la surveillance de l'officier d'habillement et sous la direction du lieutenant-major, de la vente des fumiers et des dépenses d'écurie, en se conformant aux règles d'administration sur ce sujet.

Vente des fumiers. Dépenses d'écurie.

Ils proposent, de concert, au lieutenant-major, les marchés pour la vente des fumiers et pour l'achat des objets d'écurie,

H

tels que balais, pelles, fourches, civières, seaux, baquets d'a-
breuvoir, lumieres, &c.; ils obtiennent, autant que possible,
que ces objets, et plus particulièrement encore les huiles,
soient fournis par abonnement, ce moyen étant reconnu le
plus économique, et ayant, en outre, l'avantage d'assurer la
bonne qualité des fournitures et de faciliter la tenue des
comptes.

L'adjoint inscrit sur un registre coté et paraphé par le lieutenant-major, les recettes et dépenses relatives à cette partie;
il en fait la balance chaque mois, et produit, à l'appui des dépenses, les quittances des fournisseurs. Il présente ce registre
tous les trois mois au lieutenant-major, qui, après l'avoir vérifié
et arrêté, en fait connaître le résultat au conseil d'administration.

ADJUDANT-MAJOR.

ART. 46.

Attributions.
L'adjudant-major est chargé des détails de la police générale
et du service commun aux deux escadrons; mais il doit rester
étranger à leur police intérieure et à leur administration.

Les fonctions de l'adjudant-major sont permanentes.

Lorsque la compagnie est en route, dans l'intérieur, l'adjudant-major la devance pour préparer ses logemens, ainsi qu'il
est expliqué au titre *Ordre de route dans l'intérieur*. C'est encore
lui qui, en campagne, la précède pour l'établissement des
camps et cantonnemens, et qui seconde l'officier supérieur
chargé du service des postes extérieurs.

ART. 47.

Parades et visites.
Aux parades, l'adjudant-major se place derrière le capitaine
des gardes. Il se rend, tous les dimanches, chez le lieutenant
commandant pour la visite générale.

ART. 48.

Cas d'absence.
En cas d'absence, il est remplacé par un sous-lieutenant
désigné par le capitaine des gardes.

ART. 49.

Devoirs généraux.
L'adjudant-major dirige et surveille le service des sous-lieutenans et officiers inférieurs de semaine; il a pour supérieur

immédiat le lieutenant de semaine, et, à défaut de celui-ci, le lieutenant-commandant.

Sa surveillance ne s'exerce que sur le brigadier-fourrier chargé des hommes d'équipage, en ce qui concerne le service des écuries et la propreté dans les cours et à l'extérieur.

Il tient, 1.º l'état des officiers supérieurs et inférieurs qui entrent en semaine, et la note des ordres et consignes dont l'exécution aurait besoin d'être suivie plus particulièrement ; 2.º le contrôle des officiers supérieurs d'après lequel ils doivent être commandés pour les différens services et dans l'ordre suivant :

> Détachement,
> Garde à cheval,
> Garde à pied,
> Corvées.

Ce contrôle est établi sur un registre coté et paraphé par le lieutenant-commandant, où il inscrit nominativement tous les tours de service accomplis par les officiers, en indiquant, pour les détachemens, en vertu de quels ordres ils ont été fournis.

ART. 50.

Autant que possible, il assiste aux pansages. Les appels lui sont rendus par les maréchaux-de-logis en chef, ainsi que les contre-appels quand ils auront été ordonnés. Dans ce dernier cas, l'adjudant-major en rend compte, par écrit, au commandant de la compagnie, et le lendemain au lieutenant de semaine. *Appels et pansages.*

ART. 51.

Après le pansage, il reçoit les rapports des brigadiers-fourriers chargés des hommes d'équipage, et du vétérinaire. Il fait ensuite le sien au lieutenant de semaine. *Rapports.*

Tous les matins à neuf heures, il se rend à la réunion prescrite pour le rapport général par l'article 102. A neuf heures et demie, il se rend chez le lieutenant-commandant, et lui fait son rapport particulier sur ce qui s'est passé dans les vingt-quatre heures. Il ne met pas de délai pour les cas extraordinaires, ni pour les ordres que le capitaine des gardes aurait été dans le cas de donner directement.

A la garde montante ou à la parade, il fait les mêmes rapports au lieutenant de semaine, s'il ne les lui a déjà faits.

Il accompagne chez le capitaine des gardes le lieutenant-commandant, ou l'officier supérieur de semaine qui irait au rapport pour le lieutenant-commandant.

ART. 52.

Garde montante et ordre.

Quand l'adjudant-major a reçu les décisions sur le rapport et les ordres pour le service, il se rend au rassemblement de la garde; il l'inspecte, s'il en a le temps, avant l'arrivée du lieutenant de semaine; il en remet ensuite le commandement à l'officier de garde, et la fait défiler, s'il y a lieu, d'après les dispositions de l'article 103, ou la conduit au rendez-vous général, s'il y a réunion de plusieurs corps. C'est l'adjudant qui l'y conduit, si elle n'est pas commandée par un officier supérieur, et s'il n'y a pas d'officier supérieur présent.

Après que la garde a défilé, l'adjudant-major fait sonner à l'ordre et former le cercle aux officiers inférieurs; il fait commander le service par l'adjudant, en raison de la force de chaque escadron; il donne l'ordre et indique l'heure de tous les rassemblemens, celles des distributions, s'il y a lieu, des classes d'instruction, &c., afin qu'une partie du service n'entrave pas l'autre; il désigne à tour de rôle, par la gauche du contrôle, les officiers supérieurs de semaine qui, conformément à l'article 128, doivent veiller aux repas des chevaux, et ceux qui doivent aller aux distributions.

Le cercle rompu, l'adjudant-major informe des ordres donnés les officiers supérieurs d'état-major présens. L'adjudant va en donner connaissance à ceux d'état-major qui n'étaient pas à la parade.

Si après la garde montée il y a de nouveaux ordres, l'adjudant-major fait sonner à l'ordre pour les maréchaux-des-logis en chef, ou pour les maréchaux-des-logis de semaine, selon qu'il y a lieu. L'adjudant-major veille à ce que tous les jours, avant trois heures, l'adjudant ait dicté l'ordre aux fourriers.

ART. 53.

Détachemens, piquets, classe d'instruction, &c.

Il réunit, aidé de l'adjudant, les détachemens et piquets, et s'assure qu'ils ont été inspectés par les officiers supérieurs et inférieurs de semaine; il les inspecte lui-même, et les remet

ensuite aux officiers qui doivent en prendre le commandement.

Il en use, pour l'inspection et la conduite au rendez-vous
général des détachemens et piquets, ainsi qu'il est prescrit
pour les gardes à l'article précédent.

Au signal qu'il fait donner, les classes d'instruction sont
réunies par les instructeurs et les sous-instructeurs. Les officiers
de distributions et le lieutenant de semaine se rendent aux
distributions.

ART. 54.

Chaque fois que la compagnie s'assemble, l'adjudant-major
prend les ordres du lieutenant de semaine pour réunir les
escadrons au signal de l'assemblée, pour former les pelotons,
s'il y a lieu, et pour envoyer chercher l'étendard.

Réunions de la compagnie.

ART. 55.

Lorsque la compagnie, sortie à cheval, est rentrée à l'hôtel,
l'adjudant-major prend les ordres du lieutenant de semaine
pour le moment de desseller; il veille à ce que les chevaux
soient bouchonnés, à ce que les selles et couvertures mouil-
lées soient exposées aussitôt à l'air ou au soleil; enfin il veille
aussi à ce que les panneaux soient battus avant que les selles
soient remises en place.

Soins au retour de la compagnie après une sortie à cheval.

ART. 56.

Il inspecte, aussi souvent qu'il le juge nécessaire, la garde
de police, ainsi que les autres postes qui auraient extraordinairement été placés à l'hôtel; il les dirige et fait surveiller par
l'adjudant dans tous les détails de leur service.

Inspection des postes de l'hôtel.
Visite des détenus.

ART. 57.

Il accompagne le capitaine des gardes et le lieutenant-
commandant, quand l'un ou l'autre se trouve à l'hôtel.

*Visites du capitaine des gardes et du lieute-
nant commandant à l'hôtel.*

ART. 58.

Les fonctions de l'adjudant-major exigeant qu'il ne s'absente
du quartier que le moins possible, il doit, lorsqu'il est forcé
de s'en éloigner momentanément, s'assurer que l'adjudant y
reste pour répondre et donner suite à tous les ordres.

S'absente le moins possible.

I

ART. 59.

Adjudant-major se-
conde au besoin.

Quand, à raison des difficultés du service ou des localités, l'adjudant-major ne peut suffire à toutes ses fonctions, le capitaine des gardes désigne éventuellement, pour le seconder, un officier qu'il exempte, à cet effet, de tout autre service.

CHIRURGIEN-MAJOR.

ART. 60.

Présence aux réunions
des officiers, &c.

Le chirurgien-major n'ayant point d'aides, ses fonctions sont permanentes.

Il se trouve, quand il en reçoit l'ordre, aux réunions extraordinaires des officiers; il s'y place avec les officiers inférieurs de l'état-major.

Le dimanche, il se rend chez le lieutenant-commandant et l'accompagne chez le capitaine des gardes.

ART. 61.

Visite journalière à
l'hôtel.

Tous les matins, à sept heures en été et à huit heures en hiver, il fait sa visite à l'hôtel, après avoir pris au corps-de-garde de police les billets que les maréchaux-des-logis en chef y ont mis pour lui indiquer les gardes qui ont besoin de ses secours. Dans sa tournée, il observe ce qui intéresse la salubrité des chambres.

Quand il y a des malades à la salle d'arrêts ou en prison, il en est prévenu par le commandant de la garde de police. Il envoie à l'hôpital ceux dont l'état l'exige. Les billets d'hôpital ne peuvent être signés que par le chirurgien-major, ou par celui d'une autre compagnie désigné pour le suppléer. Il prend les mesures nécessaires pour que la signature n'en soit jamais retardée.

Il rend verbalement compte de la visite au lieutenant de semaine. A la réunion pour le rapport général, s'il est possible, il lui demande la sortie de prison de ceux qu'il juge ne pouvoir y rester pour cause de santé, et qui pourtant ne seraient pas dans le cas d'aller à l'hôpital.

ART. 62.

Cas de maladies légères.

Le chirurgien-major est tenu de traiter au corps les maladies légères, les maladies vénériennes et cutanées simples; il propose au lieutenant-commandant toutes les mesures qu'il croit propres à assurer l'effet de ses soins.

ART. 63.

Ce n'est que sur son certificat qu'un officier inférieur ou garde est exempt de service pour cause de maladie ou d'accident. Ce certificat, qui est soumis à l'approbation du lieutenant-commandant, ne doit être donné qu'après un examen scrupuleux. Cette disposition est applicable aux officiers inférieurs et gardes sortant des hôpitaux.

Exemptions de service.

ART. 64.

Il visite, deux fois par semaine au moins, les malades de la compagnie qui peuvent se trouver dans les hospices civils de la place; il prend connaissance de leur traitement; il rend compte de ses observations au commandant du corps, et, s'il y a lieu, à l'intendant ou sous-intendant militaire. Il accompagne le capitaine des gardes, le lieutenant-commandant ou le commandant de la compagnie, dans leurs visites aux hôpitaux.

Visites aux hôpitaux.

ART. 65.

Tous les jours, à onze heures du matin, il fait son rapport au lieutenant-commandant sur le nombre et l'état des malades, et spécialement de ceux qu'il a jugés dans le cas d'être envoyés à l'hôpital.

Rapport journalier.

ART. 66.

Tous les quinze jours, il fait une visite générale de l'hôtel, rend compte au lieutenant-commandant de tout ce qu'il reconnaîtrait de contraire à la santé, indique les divers moyens de salubrité que permettent les circonstances et les localités.

Salubrité de l'hôtel.

ART. 67.

Tous les trois mois il fait une visite exacte et individuelle de tous les trompettes et hommes d'équipage, pour reconnaître les maladies cutanées; les dispositions nécessaires à cet égard sont concertées entre le lieutenant-major et le lieutenant-commandant. Il visite plus fréquemment les nouveaux arrivés.

Avant le départ des trompettes ou hommes d'équipage à qui l'on aurait accordé des semestres, il les visite tous avec attention, pour que ceux qui seraient atteints de ces maladies ou

Visite de chaque trimestre.

de maux vénériens, soient privés de leur congé. Ceux chez
lesquels ces maladies sont legéres, peuvent jouir de leur congé
aussitôt après leur guérison.

ART. 68.

Manœuvres, marches,
passages.

Toutes les fois que la compagnie exerce à pied ou monte
à cheval pour la manœuvre ou pour une route, il est tenu de
s'y trouver, pourvu de linges, bandes et médicamens de
premier appareil.

Chaque jour, lors du retour de l'abreuvoir, il se trouve au
quartier.

Il doit avoir toujours en réserve des bandages de plusieurs
espèces.

ART. 69.

Soins gratuits. Médi-
camens payés.

Il doit gratuitement ses soins à tous les individus qui composent la compagnie.

Les officiers que le capitaine des gardes autorise à être traités
chez eux, sont tenus de payer les médicamens.

ART. 70.

Indication du loge-
ment, &c.

L'indication de son logement et de l'heure où l'on peut le
trouver chez lui, doit toujours être affichée au corps-de-garde
de police.

ART. 71.

Place en route.

En route et à la guerre, il marche et loge avec l'état-major
de la compagnie.

PORTE-ÉTENDARD.

ART. 72.

Casernement.

Le porte-étendard est chargé des détails du casernement,
sous la direction et la surveillance du lieutenant-major. (*Voyez*
le titre *Assiette du logement.*)

ART. 73.

Service.

Lorsqu'il n'y a dans un escadron qu'un sous-lieutenant, le
porte-étendard peut y être attaché pour le service de semaine.

ART. 74.

En cas de réunion ordonnée des officiers inférieurs pour une visite ou cérémonie, ils se rendent chez le porte-étendard.

Réunion des officiers inférieurs.

LIEUTENANS QUI COMMANDENT DES ESCADRONS.

(Remplissent les fonctions de Capitaines-commandans.)

ART. 75.

Les deux plus anciens premiers lieutenans de la compagnie commandent chacun un escadron; le plus ancien des deux commande le premier escadron.

Commandement.

ART. 76.

Le premier lieutenant de l'escadron est l'intermédiaire indispensable de toutes les demandes des officiers supérieurs, officiers inférieurs et gardes composant son escadron. Il doit s'attacher à connaître le caractère et la capacité de chacun d'eux, pour être à portée de les traiter en toute circonstance avec une justice éclairée.

Devoirs généraux.

ART. 77.

Le plus ancien des deux lieutenans qui commandent les escadrons, remplace le lieutenant-commandant dans les absences de plus de huit jours, ou en cas de maladie grave. *(Voyez le titre Instruction.)*

Absence du lieutenant-commandant.

ART. 78.

Lorsque la compagnie est divisée, les lieutenans sont avec leur escadron. Si les deux divisions sont détachées séparément, le premier lieutenant de l'escadron doit marcher et cantonner avec la première division, emmenant avec lui le maréchal-des-logis en chef et un fourrier.

Cas de séparation.

ART. 79

Le lieutenant qui commande l'escadron est responsable de la police, de la discipline, du service, de la tenue, de l'entretien ou réparation des effets de toute nature de son escadron; il l'est également des parties de l'instruction qui doivent s'enseigner dans les salles de théorie et dans les écuries, telles que les règles de discipline, de tenue et du service intérieur; les

Surveillance générale de l'escadron.

K

disposition du Code pénal, le service des officiers inférieurs
et gardes-du-corps, dans l'intérieur, dans les places et en campagne; le soin des armes et des objets d'habillement, d'équipement; le paquetage, le pansage des chevaux, la manière de
seller, de brider, de desseller, de débrider, &c.

ART. 80.

Chaque escadron est partagé, pour les détails et le service
journalier et intérieur, en *pelotons* et *escouades*, conformément
au tableau n.° 1; les pelotons restant, pour l'ordre de bataille
indiqué par le tableau n.° 2, composés des mêmes officiers inférieurs et gardes que pour les détails et le service intérieur.

L'escadron étant rassemblé, à l'effet de procéder à la formation des pelotons et escouades, en ce qui est des brigadiers
et des gardes, on fait l'appel de l'escadron par ancienneté, et
l'on répartit les brigadiers et les gardes de manière qu'il y ait
des anciens et des nouveaux à-peu-près en nombre égal dans
chaque peloton, et que la place qu'ils occupent dans les rangs
soit combinée avec la taille et les qualités des chevaux, en
sorte que le rang de taille à cheval soit établi de la droite à la
gauche de l'escadron.

Les pelotons étant ainsi formés, comme ils doivent l'être
dans l'ordre de bataille, sont partagés en deux escouades, et
l'on établit en conséquence le contrôle général de l'escadron,
qui reste dès-lors dans cette formation pour les logemens,
les tables ou ordinaires, les manœuvres, les marches, &c.
Ce contrôle est le seul dont on doive faire usage pour commander le service, tant à pied qu'à cheval, et pour tous les
rassemblemens armés ou non armés, afin que les officiers supérieurs et inférieurs aient les mêmes subordonnés à commander
dans toutes les situations possibles.

En temps de paix, à moins que des cas particuliers ne né-
cessitent plutôt un nouveau classement, cette formation et ce
contrôle ne doivent subir de changemens qu'au retour des
semestriers, et qu'autant que le nombre des mutations survenues
pendant le cours de l'année rend alors cette opération indispensable. Les vacances qui surviennent dans cet intervalle
parmi les maréchaux-des-logis, sont remplies par les nouveaux
promus, sans égard au rang d'ancienneté. En temps de guerre,
cette opération est renouvelée aussi souvent que le capitaine des
gardes le juge nécessaire. Dans tous les cas, on a soin de répartir

les nouveaux arrivés et les remontes, de manière à maintenir constamment l'ordre prescrit ci-dessus.

Enfin, tous les rassemblemens et toutes les formations s'opèrent, autant que possible, sur chaque peloton, et par les soins des officiers supérieurs et inférieurs qui y sont attachés.

La formation et le contrôle par ancienneté ne sont employés que pour les revues d'*administration*.

ART. 81.

Le lieutenant qui commande l'escadron, exerce sa surveillance sur les tables ou ordinaires des officiers inférieurs et gardes de son escadron.

Formation des tables ou ordinaires.

ART. 82.

Il signe les billets d'hôpital, et ordonne le dépôt au magasin d'habillement, des effets qui doivent y être remis par les officiers inférieurs et gardes allant aux *hôpitaux*, aux *eaux* et en *congé*, conformément au réglement du 16 août 1820.

Partant pour les hôpitaux, &c.

ART. 83.

Il fait inscrire sur le contrôle annuel, au rapport du matin, par le maréchal des logis en chef, toutes les mutations survenues la veille dans son escadron.

Contrôle annuel.

ART. 84.

Il visite son escadron plusieurs fois la semaine, et le fait visiter par le second lieutenant de son escadron; il remplit lui-même ce devoir journalier quand ce lieutenant n'est pas présent.

Inspections de détail.

Tous les samedis, il fait faire par les officiers de peloton un examen détaillé de l'habillement, de l'armement, de l'équipement et du harnachement.

Chaque fois que l'escadron s'assemble, il reçoit les rapports du second lieutenant de l'escadron, et fait ensuite son inspection.

ART. 85.

Il exige que la ferrure soit visitée par les officiers supérieurs et inférieurs de peloton, et qu'elle soit renouvelée aussi souvent qu'il le faut, tant pour l'objet du service que pour le bon état des pieds des chevaux; il s'en assure souvent lui-même, ou par le second lieutenant d'escadron, et toujours avant de délivrer

Ferrure.

au maréchal vétérinaire le certificat sans lequel il ne doit pas être payé par le trésorier.

ART. 86.

Pansage et nourriture des chevaux.

Il donne la plus grande attention, non-seulement au pansage des chevaux, mais encore à la manière de les nourrir; il observe de faire mettre ensemble les chevaux qui mangent lentement, et à part ceux qui auraient besoin d'être mis au son.

ART. 87.

Répartition des chevaux.

Dans la répartition des chevaux neufs, le choix appartient aux officiers inférieurs et gardes de la première classe d'instruction, d'après leur rang de classement dans le corps.

ART. 88.

Rapports; visites du dimanche.

Tous les jours, à huit heures du matin, il reçoit du maréchal-des-logis en chef la feuille du rapport, et la signe, après y avoir ajouté ses demandes et observations.

Il reçoit, à la même heure, le rapport du fourrier chargé de la surveillance des hommes d'équipage et des écuries de son escadron.

Il signe également, après l'avoir vérifié, le relevé des mutations, qui lui est apporté en même temps par le maréchal-des-logis en chef, et il le lui rend pour être porté, dans la matinée, au lieutenant-major par un brigadier-fourrier.

A dix heures et demie, il reçoit le rapport verbal de l'officier de semaine, conformément à l'art. 131.

Tous les dimanches, il se rend, avec tous les officiers supérieurs de son escadron, chez le lieutenant-commandant, auquel il remet une feuille de mouvement indiquant toutes les mutations, permissions et réclamations qui ont eu lieu dans le cours de la semaine, avec la force comparée d'une semaine à l'autre.

ART. 89.

Cas d'absence.

En l'absence des lieutenans qui commandent les escadrons, les seconds lieutenans des escadrons rendent compte au lieutenant-commandant et au lieutenant-major.

ART. 90.

Éclaircissemens donnés aux officiers de détails.

Il doit donner avec empressement les éclaircissemens qui

lui sont demandés par les officiers chargés de quelque détail particulier. Il en réfère au lieutenant-major, s'il y a lieu.

SECONDS LIEUTENANS
DES ESCADRONS.
(Remplissent les fonctions de capitaine en second.)

ART. 91.

Le lieutenant qui commande l'escadron étant seul responsable des détails d'administration relatifs à la tenue des contrôles et à l'entretien ou aux réparations des effets de toute nature de son escadron, le second lieutenant, quand il ne commande pas l'escadron, ne reçoit sur cette partie aucun rapport ou proposition, ni des officiers de peloton, ni du maréchal-des-logis en chef, ni du fourrier, lesquels les font directement au lieutenant qui commande l'escadron. Le second lieutenant ne doit s'occuper que de ce qui est du service journalier, de la police intérieure des chambres, et des tables ou ordinaires, et surveille les officiers de peloton dans leurs devoirs, à cet égard. *Devoirs généraux.*

Il se dispense rarement du pansage, afin d'avoir une parfaite connaissance de ce qui concerne les chevaux de son escadron.

ART. 92.

Quoique le second lieutenant surveille le service et la police générale de l'escadron, il s'attache principalement à diriger le service intérieur des pelotons qui seraient, *par intérim*, sous les ordres d'un maréchal-des-logis. Lorsque l'escadron se sépare, il marche et cantonne avec la seconde division, et la commande sous l'autorité du premier lieutenant. *Pelotons sans officiers, Cas de séparation.*

ART. 93.

Chaque fois que l'escadron se rassemble, le second lieutenant y devance le lieutenant qui commande l'escadron, pour recevoir les rapports, les vérifier, autant que possible, et faire l'inspection de détail. Il en rend compte à celui-ci, en même temps qu'il lui remet le commandement de l'escadron. *Rassemblement de l'escadron.*

ART. 94.

Toutes les demandes de congés ou permissions, d'avance- *Demandes.*

L

ment, de récompenses, &c., faites par les sous-lieutenans, sont soumises aux lieutenans qui commandent les escadrons par les seconds lieutenans, à qui elles sont d'abord adressées.

ART. 95.

Rapports.

Avant huit heures du matin, le maréchal-des-logis en chef présente au second lieutenant le rapport de l'escadron, qu'il signe après y avoir inscrit toutes ses observations et propositions. Le maréchal-des-logis en chef va ensuite le présenter au lieutenant qui commande l'escadron.

Lorsque le second lieutenant de l'escadron vient à l'hôtel, soit pour la visite des chambres, soit pour celle des écuries et des chevaux de l'escadron, l'officier de semaine lui fait le rapport verbal des vingt-quatre heures et du service courant.

Tous les jours il rend compte au lieutenant qui commande l'escadron, soit chez lui, soit à la parade ou autre lieu de rassemblement, selon les circonstances, ou ce que prescrit celui-ci.

Quand il commande par *interim* l'escadron, il ne doit pas de rapports officiels au premier lieutenant, attendu que dans ce cas il en a tous les droits et la responsabilité; il est seulement tenu de l'informer, à son retour, de ce qui a été fait pendant son absence, et le premier lieutenant ne peut l'improuver ni rien y changer, sans l'autorisation du lieutenant-commandant, ou celle du lieutenant-major en matière d'administration.

ART. 96.

Visites du dimanche.

Le dimanche il se rend chez le premier lieutenant pour la visite générale; et les sous-lieutenans ne viennent chez lui que quand il commande l'escadron.

ART. 97.

Congés, absences.

Le second lieutenant alterne, pour les semestres, avec le premier lieutenant. En son absence, tous les rapports se font directement au premier lieutenant.

ART. 98.

Missions particulières, détachemens, &c.

Les seconds lieutenans, quand ils ne commandent pas par *interim* des escadrons, sont employés de préférence, par le capitaine des gardes, à toutes les missions extérieures, à des détails intérieurs d'instruction, d'administration ou autres, à l'exception du service des adjudans-majors absens.

La force des détachemens des seconds lieutenans est de la moitié de celle des détachemens des premiers lieutenans.

Service de semaine.

Nota. Les lieutenans remplissent les fonctions des capitaines de cavalerie pour le service de semaine.

ART. 99.

Les premiers lieutenans roulent avec les seconds lieutenans pour le service de semaine. Ce service est commandé par la tête du contrôle, mais de manière qu'il soit fait alternativement par un premier lieutenant et par un second lieutenant. Il commence le dimanche après la parade, et finit le dimanche suivant.

Les lieutenans qui composent les escadrons, alternent avec les seconds lieutenans des escadrons.

ART. 100.

Les lieutenans employés comme instructeurs sont exempts du service de semaine.

Les instructeurs en sont exempts.

ART. 101.

Le service de semaine a lieu de la même manière dans plusieurs escadrons détachés ensemble. Dans un escadron détaché seul, les deux officiers les plus élevés en emploi après le premier lieutenant qui commande l'escadron, alternent, sous le nom d'officiers de distributions, pour ce service, qui est alors borné à ce seul sujet.

Escadrons détachés.

ART. 102.

Tous les matins, à neuf heures, le lieutenant de semaine réunit à l'hôtel, dans un local désigné à cet effet, l'adjudant-major, l'adjudant, les fourriers chargés des hommes d'équipage, les maréchaux-des-logis en chef et le maréchal-vétérinaire, pour faire établir le rapport général. Après y avoir ajouté ses demandes et observations et l'avoir signé, il va, suivi seulement de l'adjudant, le présenter au lieutenant-commandant, lui rendre tous les comptes et recevoir ses ordres. Si la compagnie n'est pas casernée, ou s'il n'y a pas d'autre emplacement convenable, la réunion, pour la confection du rapport, a lieu chez le lieutenant de semaine.

Rapport.

ART. 103.

Le lieutenant de semaine assiste à tous les appels, à moins

Appels.

que des devoirs plus importans n'exigent sa présence ailleurs;
il y reçoit les rapports verbaux.

Gardes, piquets, détachemens.

A l'heure ordonnée, il fait l'inspection de la garde; il reçoit
alors, par l'intermédiaire de l'adjudant-major, les décisions sur
le rapport. Autant que possible, il fait manœuvrer la garde à
son propre commandement, si elle a à sa tête un lieutenant
moins ancien, ou un sous-lieutenant; et à celui de l'adjudant-
major ou de l'adjudant, si elle est aux ordres d'un officier inférieur. Lorsqu'il n'y a point de parade, il fait défiler la garde,
après avoir pris l'ordre du lieutenant-commandant, s'il est
présent.

En l'absence du lieutenant de semaine, l'adjudant-major
prend le commandement de la garde à son rang d'ancienneté
de sous-lieutenant.

ART. 104.

Instruction.

Lorsque l'instruction à cheval et à pied n'a pas lieu par escadron, le lieutenant de semaine doit surveiller, sur le terrain,
les différentes classes, tant pour juger des moyens et des succès
des gardes qui les composent, que pour aider les instructeurs
de son influence, et, au besoin, de son autorité.

ART. 105.

Surveillance des chambres.

Le lieutenant de semaine surveille la police et la propreté
des chambres et de l'intérieur de l'hôtel.

ART. 106.

Visite des hôpitaux et des prisons.

Il fait la visite de l'hôpital et des prisons au moins une fois
par semaine.

Il vérifie la qualité, la préparation et la quantité des alimens,
et s'assure que le maréchal-des-logis de peloton a bien rempli
ses devoirs à cet égard. Il reçoit les demandes et les réclamations des malades, les vérifie, les porte à la connaissance de
qui de droit, et fait les démarches nécessaires pour que justice
leur soit rendue; il s'informe si l'on n'a pas à se plaindre d'eux,
sous le rapport du bon ordre, de la décence et de la déférence
qu'ils doivent aux personnes qui leur donnent des soins.

Il visite également les prisons de la place où il y aurait des
individus de la compagnie. Il reçoit leurs réclamations et les
transmet au lieutenant-commandant.

ART. 107.

Lorsque la compagnie prend les armes, à cheval ou à pied, le lieutenant de semaine se conforme aux dispositions de l'article 12.

Rassemblement de la compagnie.

Distributions.

ART. 108.

Le lieutenant de semaine est chargé des distributions, sous les ordres et la direction du lieutenant-major, ainsi qu'il va être prescrit.

Il est chargé des distributions.

Il est secondé, pour le détail général des distributions, par des officiers de semaine commandés, à cet effet, par l'adjudant-major, et, pour le détail de chaque escadron, par le brigadier-fourrier, et au besoin par le maréchal-des-logis ou le brigadier de semaine. Ses devoirs, à cet égard, sont les mêmes, ou du moins analogues, soit en marche, soit dans les camps, soit dans les cantonnemens.

ART. 109.

Le lieutenant de semaine reçoit du trésorier, qui est chargé de former tous les états et de faire les enregistremens nécessaires, le bordereau général et les bons pour chaque espèce de distribution. Ces bons doivent être signés du trésorier et du lieutenant-major.

Bons de distributions.

ART. 110.

Si les diverses distributions ont lieu successivement, il y préside lui-même, autant que possible; dans le cas contraire, il se réserve celle des fourrages, et charge des officiers de semaine, à qui il remet les bons à cet effet, de présider à chacune des autres.

Officiers qui doivent assister aux distributions.

ART. 111.

Le lieutenant de semaine prend tous les moyens convenables pour s'assurer de la qualité et du poids des denrées; il surveille et fait surveiller ceux qui reçoivent et comptent. Il fait de nouveau compter, mesurer et peser, s'il le juge à propos.

Examen et distribution des denrées.

Si l'on a à se plaindre du poids ou de la qualité, et s'il ne peut faire rendre justice sur-le-champ, soit en faisant changer

M

les denrées, soit, s'il y a impossibilité de les faire changer à temps, en prenant un supplément proportionné, il est autorisé à suspendre la distribution, et à faire de suite, en personne, toutes les démarches auprès de l'intendant ou sous-intendant militaire, ou auprès des autorités locales, pour rétablir les distributions telles qu'elles doivent être.

Le lieutenant-major l'appuie de son intervention et de ses démarches, si cela est nécessaire.

Lorsque plusieurs distributions ont lieu en même temps, le lieutenant de semaine, après que la qualité et le poids des fourrages ont été vérifiés et acceptés, en fait commencer la distribution, charge l'officier de semaine qu'il s'est adjoint, de la suivre, et se porte aux autres pour les juger également. L'officier qui l'y a devancé, a déjà procédé à un premier examen, et à la distribution, s'il n'y a pas eu de réclamations. Dans le cas contraire, il fait prévenir le lieutenant de semaine et attend son arrivée.

Si le brigadier-fourrier ne peut assister à toutes les distributions, il va à celle des fourrages ; il est suppléé, pour les autres, par un maréchal-des-logis ou brigadier, à qui il en remet les bons d'après l'autorisation du lieutenant de semaine.

Le brigadier-fourrier de chaque escadron, ou celui qui le supplée, compte toutes les rations avec le préposé, en présence de l'officier de distributions, et demeure responsable de toute erreur et de tout mécompte.

L'officier qui a présidé à chaque distribution en donne son récépissé, s'il y a lieu.

ART. 112.

Rachats défendus. Le lieutenant de semaine veille à ce que, pendant la distribution, il ne se fasse aucun rachat; ce qui d'ailleurs est défendu par les réglemens.

ART. 113.

Rapports. Outre les rapports de détail qu'il fait au lieutenant-major, sur les distributions et sur les hôpitaux, il en fait au lieutenant-commandant sur les mêmes objets, ainsi que sur les autres parties du service dont il est chargé.

SOUS-LIEUTENANS.

(Remplissent les fonctions de lieutenans et sous-lieutenans de cavalerie.)

ART. 114.

Les sous-lieutenans roulent ensemble pour le service. Ils sont employés, par les lieutenans qui commandent les escadrons, à tous les détails de service, de police et d'administration de leur escadron : ils sont soumis au second lieutenant en tout ce qui ne concerne pas l'administration ; mais lorsqu'il commande l'escadron, ils lui sont également subordonnés à cet égard.

Leur service habituel se divise en devoirs d'officiers de peloton et d'officiers de semaine : ils roulent entre eux pour ce dernier service.

Fonctions.

ART. 115.

En l'absence des deux lieutenans, le plus ancien sous-lieutenant commande l'escadron ; ce qui ne le dispense pas de corvées étrangères au service de semaine. Cependant le capitaine des gardes peut donner le commandement à un officier d'un emploi plus élevé qui ne serait pas de l'escadron, et même, pour des motifs graves dont il aurait rendu compte au ministre de la guerre, à un officier plus ancien d'emploi que celui de l'escadron.

Commandement de l'escadron en l'absence des lieutenans.

ART. 116.

Quand un sous-lieutenant ne peut vaquer à son service pour cause d'indisposition, il en informe à temps le second lieutenant, qui en rend compte au premier lieutenant ; s'il est de semaine, il en prévient aussi le lieutenant de semaine et l'adjudant-major, et il est remplacé dans ce service. Il est tenu, dans les deux cas, de garder la chambre pendant au moins vingt-quatre heures.

Officier malade.

ART. 117.

Lorsqu'il y a parade, tous les officiers indistinctement sont tenus d'y assister ; dans le cas contraire, les sous-lieutenans de semaine seuls se trouvent à la garde montante.

Garde montante et parade.

ART. 118.

Tous les dimanches, les sous-lieutenans de chaque escadron se rendent chez l'officier supérieur commandant l'escadron, pour la visite générale.

Visite du dimanche.

Officier de peloton.

ART. 119.

Devoirs généraux.

L'officier de chaque peloton surveille et dirige le maréchal-des-logis des deux escouades qui le composent, dans toutes les parties du service qui lui sont confiées.

ART. 120.

Ses rapports avec le maréchal-des-logis chef.

Il se fait rendre compte par le maréchal-des-logis en chef, de tout ce qui est relatif aux officiers inférieurs et gardes qui se trouvent sous son commandement.

ART. 121.

Conservation des effets.

Tous les samedis, il s'assure, par une inspection rigoureuse, du bon état de tous les objets d'habillement, d'équipement, de harnachement, d'armement, &c., et en rend compte, par écrit, au lieutenant qui commande l'escadron.

Toutes les fois que la compagnie ou que les pelotons ont marché, manœuvré ou fait un service à cheval quelconque, le sous lieutenant se fait rendre compte par le maréchal-des-logis des objets perdus ou dégradés. Il en fait son rapport au commandant de l'escadron, après s'être assuré, par un examen attentif, si leur perte ou leur détérioration a été occasionnée par le fait du service. Souvent et à l'improviste, il fait la visite de tout ce qui appartient à un officier inférieur ou garde qu'il soupçonne d'inconduite ou de négligence.

ART. 122.

Visite des chevaux, &c.

La surveillance de l'officier de peloton s'exerce sur le brigadier-fourrier, chargé des hommes d'équipage, pour les soins à donner aux chevaux et au harnachement.

Toutes les semaines, il visite les selles, charge le maréchal-des-logis de peloton de suivre les réparations qui se font par abonnement, et fait, pour les autres, son rapport au lieutenant qui commande l'escadron.

ART. 123.

Rapports du jeudi et du dimanche.

Le jeudi et le dimanche, il rend compte au second lieutenant de ce qui est relatif à la tenue et à la propreté des

chambres, aux tables ou ordinaires, à la police et au service
de son peloton. Il l'informe, dans le plus court délai, de ce
qu'il aurait été forcé de prescrire avant de connaître ses intentions, ou d'après les ordres que le lieutenant qui commande
l'escadron aurait été dans la nécessité de lui donner directement.

ART. 124.

En cas d'absence de l'officier de peloton, il est remplacé
par son maréchal-des-logis.

Cas d'absence.

Service de semaine.

ART. 125.

Les sous-lieutenans alternent pour le service de semaine,
lors même que l'un d'eux commande l'escadron ; ils alternent
entre eux, par division, lorsque l'escadron occupe deux hôtels
ou cantonnemens.

Les sous-lieutenans alternent pour ce service.

Les fonctions de l'officier de semaine, entièrement étrangères à l'administration, sont d'assurer l'accomplissement des
devoirs des maréchaux-des-logis et brigadiers de semaine, de
se faire rendre compte, par le maréchal-des-logis en chef et
par le maréchal-des-logis de semaine, des permissions, punitions, distributions, entrées et sorties des hôpitaux, et de
veiller à ce que les punitions soient infligées avec justice. Ce
service cesse dès que l'escadron est sous les armes, les officiers
devant tous être alors dans les fonctions constitutives de leur
emploi.

Il a lieu en campagne comme en garnison : toutefois,
lorsque la situation des camps ou des bivouacs en rend la durée
trop pénible, le capitaine des gardes y peut substituer le service
de jour.

ART. 126.

Quand un officier est seul pour le service de semaine, ou
quand l'escadron occupe deux hôtels, on peut, sur la demande
du commandant de l'escadron, insérée au rapport, permettre
à cet officier de n'assister qu'à l'un des pansages, de ne suivre
que certains détails, et de ne se trouver qu'aux rassemblemens
généraux de l'escadron. Le lieutenant-commandant peut, s'il
le juge nécessaire, proposer au capitaine des gardes de dis-

Officier seul pour le service de semaine.

N

penser, en tout ou en partie, de ce service, les officiers chargés
de quelque détail particulier.

ART. 127.

Conservation des fourrages.

Avant la première distribution de fourrages, qui se fait
pendant la semaine, l'officier de semaine vérifie ce qui reste
au magasin.

ART. 128.

Repas aux écuries.

Un officier supérieur de semaine est désigné chaque jour,
à la garde montante, pour assister et veiller aux repas des
chevaux.

ART. 129.

Pansage.

L'officier de semaine, dans chaque escadron, assiste au pansage et à la surveillance supérieure du service des écuries.

ART. 130.

Chevaux malades.

Il veille à ce que les fourriers chargés du service des écuries
fassent conduire, à l'heure indiquée, les chevaux malades au
pansement.

ART. 131.

Rapports.

Vers les dix heures et demie, il va rendre compte au lieutenant qui commande l'escadron, des punitions, réclamations,
permissions, accidens, pertes, dégradations, enfin de tout ce
qui s'est passé depuis la veille. S'il est appelé aux classes d'instruction, il est autorisé à ne faire ce rapport qu'avant ou après
le pansage du soir. Il doit le même rapport au second lieutenant, soit à la parade, soit aux appels ou pansages, soit aux
rassemblemens de troupes où il le rencontrerait.

Dans les cas extraordinaires, il va incontinent rendre
compte au lieutenant qui commande l'escadron; s'il ne le peut,
il y envoie le maréchal-des-logis en chef, le maréchal-des-logis,
ou le brigadier de semaine.

ART. 132.

Garde montante et parade.

Dès qu'on a sonné pour la garde, il passe l'inspection des
gardes de service que lui présente le maréchal-des-logis de
semaine. Si la tenue de quelques-uns n'est pas régulière, il punit
ou réprimande l'officier inférieur qui aurait négligé de la faire
rectifier, à moins que celui-ci ne lui rende compte des puni-

tions infligées à ce sujet. Il assiste à la garde montante ou parade, et attend, pour se retirer, que le maréchal-des-logis ou le fourrier lui ait fait part de l'ordre.

ART. 133.

L'officier de semaine remplit au pansage du soir les mêmes devoirs qu'à celui du matin.

Pansage du soir.

ART. 134.

Lorsqu'on lit et qu'on donne un ordre, il fait observer le silence, et réprime ceux qui le troubleraient : il donne les explications nécessaires pour les articles qui en ont besoin ; explications sur lesquelles il doit préalablement consulter le lieutenant de semaine ou l'adjudant major.

Lecture de l'ordre.

ART. 135.

Il doit se trouver et présider aux rassemblemens de plus de vingt gardes, pour l'instruction, comme pour quelque espece de service que ce soit, et en passer l'inspection.

Rassemblement d'une partie ou de la totalité de l'escadron.

Lorsque l'escadron se réunit, il préside à son rassemblement et à sa formation.

Quand le rassemblement a lieu à cheval pour l'escadron, l'officier de semaine doit se trouver aux écuries à toutes les sonneries, pour exiger que chaque chose se fasse immédiatement après la sonnerie qui l'indique, et dans les principes de l'ordonnance. Les gardes assemblés par les soins du maréchal-des-logis en chef, placés sur deux rangs, à pied et à la tête de leurs chevaux, l'appel se fait, l'officier de semaine fait monter à cheval, former les deux rangs, compter les brigadiers et gardes entre eux, d'après l'ordonnance des manœuvres ; après quoi chaque officier passe l'inspection de son peloton. A l'arrivée du second lieutenant, l'officier de semaine lui rend compte du nombre des officiers inférieurs et gardes existant dans le rang, et des motifs pour lesquels il en aurait exempté quelques-uns de paraître. C'est toujours l'officier le plus élevé d'emploi qui conduit l'escadron au rassemblement géneral.

ART. 136.

Le premier samedi de chaque mois, il fait, ou fait faire en sa présence, lecture du Code pénal, ainsi que des articles du

Lecture du Code pénal.

présent réglement, sur les devoirs des maréchaux-des-logis et brigadiers.

ADJUDANT.

ART. 137.

Fonctions.

Les fonctions d'adjudant sont permanentes. Il assiste fréquemment au pansage, et particulierement quand l'adjudant-major ne peut s'y trouver.

L'adjudant a l'autorité et l'inspection immédiate sur tous les officiers inférieurs (le porte-étendard excepté), pour tout ce qui a rapport au service et à la discipline.

Il surveille la tenue, la conduite privée et les progrès des officiers inférieurs et gardes.

Il est aux ordres de l'adjudant-major pour le seconder; il lui doit des rapports sur tout ce qui est relatif au service et au bon ordre, et ne lui laisse ignorer rien de tout ce qui y serait contraire.

ART. 138.

Étrangers au quartier.

L'adjudant est spécialement tenu de connaître tous les étrangers qui entrent à l'hôtel, d'y faire respecter ceux qui y auraient affaire, et d'empêcher qu'il y pénètre des gens sans aveu, ni des femmes de mauvaise vie.

ART. 139.

Communication des ordres.
Surveillance sur les trompettes.

L'adjudant est chargé de donner communication de tous les ordres aux officiers inférieurs de l'état-major. Il surveille la discipline, la tenue, les exercices et le service général des trompettes; il en passe l'inspection chaque fois que la compagnie se réunit.

ART. 140.

A qui il doit rendre compte.

L'adjudant doit rendre compte à l'adjudant-major, de l'exécution de tous les ordres, et de tout ce qui se passe à l'hôtel en son absence. Dans les circonstances pressantes et imprévues, il peut faire son rapport directement au lieutenant de semaine et au lieutenant-commandant.

ART. 141.

Appels, pansages, gardes, &c.

Il doit se trouver à tous les appels, au pansage, au rassemblement de la garde, au départ des détachemens et aux réunions entières ou partielles du corps.

Il ne peut se dispenser d'aucune partie de son service, sans la permission expresse de l'adjudant-major, qui en rend compte au lieutenant de semaine.

ART. 142.

Si l'adjudant reçoit quelque ordre de nature à être exécuté sans aucun retard, il fait sonner à l'ordre pour cet effet, et s'empresse d'en informer le lieutenant de semaine et l'adjudant-major.

Ordres pressant. Livres pour l'inscription de tous les ordres.

Il tient deux livres d'ordres, dont l'un est pour l'inscription des ordres du capitaine des gardes de service et de l'état-major du corps, et l'autre pour ceux de la compagnie.

ART. 143.

L'adjudant a l'autorité sur les maréchaux-des-logis et brigadiers de semaine, la garde de police, le trompette de garde et les postes et piquets commandés par des officiers inférieurs.

Autorité sur les officiers inférieurs de semaine, les gardes, &c.

ART. 144.

L'adjudant est le premier responsable de la ponctualité des sonneries pour le service ordinaire et extraordinaire, lors même qu'il se fait suppléer à cet égard par l'officier inférieur de garde à l'hôtel.

Sonneries.

Les sonneries pour le service journalier sont :

Le réveil................	à 6 heures moins 1/4, depuis le 1.er octobre jusqu'au 1.er avril.
	à 5 heures moins 1/4 pendant les six autres mois.
Le déjeûner des chevaux.........	1/4 d'heure après le réveil.
L'appel et pansage............	une heure après le déjeûner des chevaux.
L'abreuvoir................	après le pansage, au signal qu'en fait donner l'adjudant-major.
Corvée de propreté pour les trompettes et hommes d'équipage....	après la soupe mangée.
Le rassemblement de la garde.....	à 10 heures 1/2.
A l'ordre.................	après la garde montée.
L'appel..................	à heures à Paris, à heures à la garnison.
Le dîner des chevaux...........	à midi.
L'appel et le pansage du soir......	à 3 heures du soir.
L'abreuvoir...............	après le pansage.

O

Le souper des chevaux.	à 6 heures, depuis le 1.er octobre jusqu'au 1.er avril.
	à 7 heures 1/2 pendant les six autres mois.
Les corvées et distributions.	aux heures indiquées par l'adjudant-major à la parade.
Le rassemblement des trompettes. . .	1/4 d'heure avant la retraite.
La retraite.	à l'heure ordonnée.
L'appel.	une demi-heure après la retraite.
Extinction des feux.	une heure après l'appel.

Et enfin toutes les sonneries, pour l'appel des consignés, le rassemblement des officiers inférieurs, ou pour des circonstances extraordinaires.

A moins d'ordres supérieurs, l'appel après la retraite, et la sonnerie pour l'extinction des feux, n'ont lieu que pour les trompettes et hommes d'équipage.

Quand le climat ou le service exigent des changemens dans les heures des signaux pour le réveil, les gardes et les appels, on se conforme à ce qui est prescrit à cet égard par l'ordonnance sur le service des places, ou aux ordres qui sont donnés par le commandant de la compagnie.

ART. 145.

Rapports.

Entre huit et neuf heures du matin, l'adjudant reçoit le rapport de tous les postes. Celui de la garde de police lui est remis, en tout temps, par l'officier inférieur qui la commande. Il arrête le registre-journal de ce poste.

A neuf heures, il se rend au lieu indiqué pour le rapport général. Il réunit les rapports particuliers des escadrons ; il en forme le rapport général, au bas duquel il met sa signature ; après quoi, il accompagne le lieutenant de semaine chez le lieutenant-commandant.

Il remet au lieutenant-major un double de cette feuille de rapport, à la parade, si elle est générale ; ou il la lui porte après la parade, et lui donne en même temps connaissance des décisions prises sur le rapport, &c.

ART. 146.

Garde montante et parade.

Il rassemble la garde, désigne les postes, et place à la gauche les gardes d'ordonnance, quand il y a lieu.

Il rassemble ensuite les officiers inférieurs, les forme sur deux rangs et par escadron.

ART. 147.

Avant l'appel, il dicte l'ordre aux fourriers ; il signe leur livre les jours où il n'y a rien de nouveau.

Ordre du jour.

ART. 148.

Il répond de la tranquillité de l'hôtel, particulièrement pendant la nuit.

Devoirs après la retraite.

Quand l'adjudant-major vient faire des contre-appels, il l'accompagne. Les contre-appels sont, ou généraux, ou particuliers à tel escadron, tel peloton ou telle chambre. L'adjudant en fait lui-même, quand il y a lieu de présumer qu'il y a eu de faux rapports d'appel, ou que quelques gardes ou autres individus appartenant à la compagnie sont sortis de l'hôtel après la retraite, qu'il s'y trouve des personnes qui ne doivent pas y être, ou enfin lorsqu'il en a quelque autre motif. Il en rend compte le lendemain à l'adjudant-major, dont il prend toutefois, préalablement, et autant que possible, les ordres à cet égard.

ART. 149.

Il oblige, chaque jour, les officiers inférieurs de semaine et de garde à faire exécuter ce qui concerne la propreté de l'hôtel.

Propreté de l'hôtel.

Il veille à l'exécution des ordres que donne l'officier chargé des détails du casernement.

ART. 150.

Il surveille la nourriture des officiers inférieurs et gardes détenus à la salle d'arrêts ou à la prison, pour que les punitions soient régulièrement observées.

Détenus.

Il fait informer les maréchaux-des-logis en chef de leur sortie, pour cause de santé, ou par ordre spécial du capitaine des gardes.

ART. 151.

Il fait sonner à l'ordre pour s'assurer de la présence des officiers inférieurs de semaine. Il fait de fréquens appels des consignes ; il en met la liste au corps-de-garde.

Surveillance sur les officiers inférieurs de semaine et sur les consignés.

ART. 152.

Visite du capitaine des gardes ou du lieute-nant-commandant à l'hôtel.

Quand le capitaine des gardes ou le lieutenant comman-dant est à l'hôtel, il doit l'accompagner par-tout, en l'absence de l'adjudant major.

MARÉCHAL-DES-LOGIS EN CHEF.

ART. 153.

Devoirs généraux.

Le maréchal-des-logis en chef surveille dans son escadron les maréchaux-des-logis, les brigadiers-fourriers et les brigadiers, et il les commande pour tout ce qui est relatif au service, à la police, à la tenue, à la discipline et à l'instruction. Il est responsable de l'exécution de ces différens détails envers tous les officiers de l'escadron. Il l'est en outre, envers le lieutenant qui commande l'escadron seulement, des détails d'administra-tion, sans pouvoir toutefois gêner en rien les droits des officiers de peloton à cet égard. Un fourrier est à sa disposition pour toutes les écritures.

Un des soins les plus essentiels du maréchal-des-logis en chef est de s'appliquer à bien connaître la conduite, les mœurs et la capacité de tous les officiers inférieurs et gardes de son escadron, pour être à portée d'éclairer l'opinion du premier lieutenant sur chacun d'eux, et de n'agir lui-même envers eux qu'avec les ménagemens ou la sévérité que comportent leur caractère et leurs habitudes.

ART. 154.

Registres de l'escadron.

Il doit régulièrement porter ou faire porter par son fourrier, sur les registres de l'escadron, les mutations d'entrées ou de sorties des hôpitaux, des morts ou des nouveaux admis, des prisonniers de guerre, des détachemens, des démissionnaires, des convalescens.

Il tient un cahier pour les punitions.

ART. 155.

Effets à réparer.

Il fait les bons pour les effets à réparer.

ART. 156.

Effets des officiers de tout grade aux hôpitaux.

Les effets des officiers inférieurs et gardes partant pour les hôpitaux, soit du lieu, soit externes, ou pour un congé, doivent, de suite et par ses soins, être portés au magasin d'habillement.

ART. 157.

Il fait apposer par le fourrier, sur la porte des chambres, les noms des officiers inférieurs et gardes qui les occupent; et sur la sienne, la liste des officiers de tout grade de son escadron, et l'indication de leur logement.

C'est encore à lui à faire placer, en gros caractères, le nom de chaque cheval et son numéro au contrôle annuel, sur une petite planche fixée au mur au-dessus du râtelier, et sur une même ligne.

États, listes et placards à afficher.

ART. 158.

Si les brigadiers le préviennent qu'il y a quelque malade à la chambre, il fait mettre aussitôt au corps de garde de police, pour le chirurgien-major, un billet indiquant la chambre et le nom du malade. Il le fait avertir incontinent, si le cas l'exige.

Malades à la chambre.

ART. 159.

C'est à lui que s'adressent les officiers inférieurs et gardes, pour obtenir ce qu'ils ont à demander par la voie du rapport du matin; dans les autres cas, ils s'adressent à leurs officiers de peloton.

Demandes au rapport.

ART. 160.

Avant huit heures du matin, le maréchal-des-logis en chef présente au second lieutenant la feuille de rapport et de mutations des vingt-quatre heures, que le fourrier a déjà communiquée au trésorier ou dont il lui a adressé copie; le second lieutenant y ajoute ses observations et la signe. Le maréchal-des-logis en chef la porte ensuite au lieutenant qui commande l'escadron. Il présente en même temps à sa vérification et à sa signature le relevé des mutations, qui doit être porté, dans la matinée, au lieutenant-major par le brigadier-fourrier, conformément aux articles 30, 88 et 186.

A neuf heures, il se rend au rapport général.

Rapport.

ART. 161.

Il est tenu de donner, verbalement ou par écrit, tous les renseignemens qui lui sont demandés par le lieutenant-major, le trésorier, les officiers de détails et l'adjudant.

Compte qu'il doit au lieutenant-major, à divers officiers et à l'adjudant.

P

Il rend à l'officier de semaine un compte verbal de ce qui se passe dans l'escadron, concernant le service, la police et la discipline; et de même aux officiers de peloton, en ce qui concerne les parties d'administration auxquelles ils sont tenus de prendre part.

ART. 162.

Appels.

Il fait lui-même tous les appels, et ne fait rompre les rangs que sur l'ordre de l'officier de semaine, après que le trompette en a donné le signal. Il doit à l'adjudant un compte verbal de ces appels.

Il désigne les chevaux que doivent monter les officiers inférieurs et gardes des différentes classes d'instruction.

Quand l'officier de semaine ne se trouve pas à un appel, ses fonctions y sont remplies par le maréchal-des-logis en chef.

ART. 163.

Garde montante et ordre.

Il assiste à la parade ou garde montante, et va rendre au lieutenant qui commande l'escadron, l'ordre qu'il a reçu de l'adjudant au cercle de la compagnie. Le maréchal-des-logis de semaine, ou le fourrier, le porte au second lieutenant et aux autres officiers présens ou non à la garde montante.

Il lit l'ordre du jour à l'appel, et y commande les divers services sur le contrôle de formation des pelotons prescrit par l'article 80.

ART. 164.

Pansages. Classes d'instruction.

Il est dispensé d'assister aux pansages, mais non pas aux classes d'instruction et de théorie, auxquelles il est appelé par le lieutenant-commandant, en raison du besoin qu'il aurait d'instruction.

ART. 165.

Cas d'empêchement ou d'absence.

Lorsque le travail de la comptabilité ou des motifs urgens et personnels l'empêchent de faire les appels, il y est remplacé par le maréchal-des-logis de semaine, auquel il remet, à cet effet, les contrôles et les renseignemens nécessaires pour commander le service. Il en rend compte préalablement à l'officier de semaine.

En cas d'absence, il est remplacé par le plus ancien maréchal-des-logis de l'escadron, ou par un autre, au choix du lieutenant qui commande, sous l'approbation du capitaine des gardes.

MARÉCHAUX-DES-LOGIS.

ART. 166.

Les maréchaux-des-logis surveillent les brigadiers et gardes, en tout ce qui est relatif aux devoirs que les uns et les autres ont à remplir. Ils sont responsables envers les maréchaux-des-logis en chef et les officiers de peloton.

Ils doivent être en état de diriger l'école du cavalier à pied, les quatre ou cinq premières leçons à cheval, et de commander un peloton ; ils doivent posséder la théorie du service des places et de campagne, en ce qui les concerne ; connaître les réglemens et l'ordre habituel du service, de la police et de la discipline du corps, et faire eux-mêmes leurs rapports.

Fonctions générales, Instruction.

ART. 167.

Leurs fonctions se divisent en celles de maréchal-des-logis de peloton surveillant deux escouades, et celles de maréchal-des-logis de semaine. Ils alternent par escadron pour le service de semaine, et roulent entre eux dans la compagnie pour celui des gardes, détachemens et corvées, sauf ceux qu'un ordre spécial exempterait pour cause d'occupations utiles et particulières.

Répartition du service.

Maréchal-des-logis de peloton.

ART. 168.

Le maréchal des-logis de peloton dirige, sous l'autorité de l'officier qui commande le peloton, tous les détails intérieurs des chambres ; il surveille la conservation et la tenue des effets.

Fonctions.

ART. 169.

Il appuie les brigadiers de son autorité, et les habitue à commander avec fermeté et à se faire obéir.

Appuie l'autorité des brigadiers.

ART. 170.

Il tient le contrôle des officiers inférieurs et gardes, et des chevaux de son peloton.

Contrôles.

ART. 171.

Arrangement des habillées.

L'arrangement des armes et effets dans les chambres de son peloton est confié à sa surveillance.

ART. 172.

Armes, &c.

Il veille avec une attention particulière à la propreté des armes, des casques, de la buffleterie, et à toutes les parties de l'habillement, de l'équipement et du harnachement.

ART. 173.

Rassemblement de l'escadron.

Toutes les fois que l'escadron doit s'assembler, il se rend de bonne heure dans les chambres occupées par son peloton, veille à ce qu'il s'apprête, et le réunit ensuite à l'heure prescrite; il porte sur-tout son attention et appelle celle des brigadiers, sur tous les détails de la tenue.

ART. 174.

Comptes à rendre. Réparations.

C'est à l'hôtel, et verbalement, qu'il fait ses rapports à l'officier de peloton et au maréchal-des-logis en chef.

Il doit informer cet officier supérieur des mutations journalières, des pertes et dégradations d'effets, et des réparations à faire. Ce n'est que d'après ses ordres qu'il demande les bons nécessaires au maréchal-des-logis en chef.

Service de semaine.

ART. 175.

Les maréchaux-des-logis roulent entre eux pour ce service.

Quand l'escadron est réuni, tous les maréchaux-des-logis roulent entre eux pour le service de semaine.

Lorsque l'escadron occupe deux hôtels ou cantonnemens, ils alternent par division, pour qu'il y en ait un de semaine dans chaque division.

ART. 176.

Aux ordres de l'officier de semaine.

Le maréchal-des-logis de semaine est particulièrement aux ordres de l'officier de semaine, et concourt, sous l'autorité de ce dernier, à l'exécution des détails de police et de discipline; il lui fait des rapports verbaux, ainsi qu'au maréchal-des-logis en chef, qu'il aide et supplée dans le service journalier.

ART. 177.

Il assiste à tous les appels; il les fait lorsque le maréchal-des-logis en chef ne s'y trouve pas.

Appels.

ART. 178.

Il fait rassembler par le brigadier de semaine, les gardes commandés pour les différentes classes d'instruction; il leur montre à seller selon les principes de l'ordonnance. Ensuite, il passe l'inspection de l'équipement de l'homme et du cheval. Le brigadier conduit les gardes de la première leçon au rendez-vous général; le maréchal-des-logis, les autres.

Rassemblement des classes.

ART. 179.

Aux heures fixées, il présente à l'inspection de l'officier de semaine les officiers inférieurs et gardes de service, de dé-tachemens, &c.; mais, auparavant, il doit passer dans les chambres, pour s'assurer qu'ils se mettent dans la tenue pres-crite et qu'ils soient prêts à l'heure ordonnée. Il se fait aider par un brigadier, auquel il indique ce que doivent faire les gardes.

L'inspection pour les chevaux s'étend sur le harnachement, la ferrure et le paquetage.

Inspection des gardes de service.

ART. 180.

Il se trouve à la garde montante ou parade, et doit faire part aux officiers de son escadron de tous les ordres verbaux qui y sont donnés, ainsi que de ceux qui le sont pendant les vingt-quatre heures.

Garde montante et parade.

ART. 181.

Il veille à ce que les brigadiers ne négligent pas de faire ba-layer les corridors et les escaliers, et il ne souffre pas qu'on fasse ou qu'on jette des ordures sous les fenêtres ni dans les lieux de passage.

Surveillance journa-lière pour la propreté de l'hôtel.

ART. 182.

Il ne doit jamais se dispenser d'aucun de ses devoirs, sans en avoir obtenu la permission de l'officier de semaine, ce dont il doit informer le brigadier de semaine et l'adjudant. Il est également obligé de prévenir les deux derniers, lorsque, dans

Cas où il serait forcé de s'absenter.

le cours de la semaine, il est forcé de s'absenter de l'hôtel ; mais il ne peut s'en éloigner, dans aucun cas, après l'heure de la retraite.

Service de l'hôpital.

ART. 183.

Service de l'hôpital.

Le maréchal-des-logis de service à l'hôpital de la maison militaire du Roi se conforme à la consigne donnée audit hôpital.

BRIGADIER-FOURRIER.

ART. 184.

Fonctions d'un des fourriers.

Dans chaque escadron, un des deux brigadiers-fourriers est aux ordres immédiats du maréchal-des-logis en chef, tient sous sa direction tous les registres, et fait toutes les écritures et tous les états relatifs aux détails de l'escadron.

ART. 185.

Livres d'ordres.

Il tient le livre d'ordres, et le communique, dès qu'il y en a de nouveaux, aux officiers de l'escadron, dont la signature justifie qu'il le leur a présenté. Il leur transmet également, à défaut du maréchal-des-logis de semaine, les ordres donnés à la parade, ou extraordinairement dans la journée.

ART. 186.

Rapport journalier.

Muni du billet de rapport journalier, contenant le compte explicatif du mouvement des vingt-quatre heures, il le communique tous les matins, à sept heures et demie, au trésorier, qui, après en avoir vérifié l'exactitude, prend note des mutations. Il rapporte aussitôt au maréchal-des-logis en chef ce billet de rapport ainsi vérifié. Il lui remet en même temps le relevé des mutations, pour être présenté à la signature du lieutenant qui commande l'escadron, et le porte ensuite dans la matinée au lieutenant-major.

ART. 187.

Pansages, appels, instruction.

Il est exempt de se trouver aux pansages ; mais il est obligé de se trouver aux appels, et de suivre toutes les classes d'instruction auxquelles le lieutenant qui commande l'escadron juge à propos de l'assujettir.

ART. 188.

Les détails du casernement sont particulièrement des attributions de son emploi.

Il tient, de toutes les fournitures de lits et autres de l'escadron, un cahier particulier où les qualités sont distinguées,
afin de faire remplacer et réparer au compte de qui de droit,
et dans le plus bref délai, toutes les pertes ou dégradations.

Casernement.

ART. 189.

En l'absence du brigadier fourrier, le maréchal-des-logis en
chef se fait aider, pour les écritures, par un brigadier ou par
un garde que le premier lieutenant exempte de service.

Le maréchal-des-logis en chef doit tenir, par lui-même, tous
les registres, et fournir tous les états nécessaires au détail de
l'escadron.

Cas d'absence.

ART. 190.

L'autre fourrier a la police et la surveillance immédiate des
hommes d'équipage. Il en tient le contrôle et est chargé de
toutes les écritures qui y sont relatives (à l'exception de la
comptabilité de leur habillement et des feuilles de linge et
chaussure); il leur fait le prêt, les classe par chambrées et ordinaires, les dirige dans tous leurs travaux et corvées, tant pour
le service des écuries que pour la propreté des hôtels. Il reçoit
les distributions et en surveille la répartition; il assiste à tous
les appels des hommes d'équipage, au pansage et aux repas
des chevaux, dont il surveille la ferrure et le pansement. Il passe
fréquemment la revue des effets d'habillement et des ustensiles
d'écurie dont ces hommes doivent être pourvus, et provoque
le remplacement de ceux qu'il reconnaîtrait hors de service
ou leur manquer. Enfin il se conforme, en tout ce qui a rapport aux hommes d'équipage, à toutes les dispositions de l'ordonnance du 13 mai 1818, concernant la tenue des ordinaires
et des chambrées, et en est particulièrement responsable, ainsi
que de tous les détails qui lui sont confiés, envers l'adjudant,
les officiers supérieurs de semaine, et le lieutenant qui commande son escadron, auquel il porte son rapport tous les jours
après les écuries.

Le conseil d'administration désigne celui des brigadiers-
fourriers qui doit être chargé, dans chaque escadron, de la
police des hommes d'équipage.

Fonctions de l'autre
fourrier.

BRIGADIERS.

ART. 191.

Devoirs généraux.

Les brigadiers doivent donner l'exemple de la bonne conduite et de l'exactitude la plus scrupuleuse à remplir leurs devoirs.

Ils surveillent les gardes indistinctement, en tout ce qui tient à la tranquillité et à l'honnêteté publique.

Ils répondent plus particulièrement de leur escouade, et de l'observation de ce qui est relatif au service, à la tenue, à la police et à la discipline.

Ils doivent connaître toutes les parties du service et de l'instruction qui sont du ressort de leur emploi, ainsi que le service des places, en ce qui les concerne.

Ils enseignent aux gardes de leur escouade tous les détails du pansage, la manière dont on doit s'y prendre pour faire les crins, pour paqueter, seller et brider, entretenir la propreté dans tous les effets d'habillement, d'équipement, de harnachement et d'armement, à monter et à démonter toutes les parties du fusil, des pistolets et du casque.

Ils leur enseignent qu'on doit en toute circonstance donner des marques de déférence et de respect à ses supérieurs; les prévenir par le salut d'usage; se lever, si l'on est assis, lorsqu'ils passent; enfin, qu'au théâtre ou en tout autre lieu public, on doit, si l'on n'y est pas de service, s'y découvrir comme tous les autres spectateurs, quelque coiffure que l'on ait.

ART. 192.

Alternent pour le service.

Ils alternent dans chaque escadron pour le service de semaine, excepté celui qui remplirait les fonctions de maréchaldes-logis, ce qui ne le dispense pas de ses devoirs comme chef d'escouade; ils roulent sur toute la compagnie pour les gardes, détachemens, &c.

ART. 193.

Logement.

Ils logent le plus à portée possible des gardes de leur escouade.

ART. 194.

Effets du casernement.

Tout brigadier, en prenant le commandement d'une escouade, doit reconnaître, avec le fourrier, le nombre, l'espèce et la qualité des objets de casernement que contiennent les chambres des gardes qui la composent, afin d'en établir l'état détaillé, et de n'être responsable qu'autant qu'il doit l'être.

ART. 195.

Il se conforme à tout ce qui est prescrit par l'article 191, et réprime tout ce qui se fait ou se dit contre le bon ordre. En son absence, et à défaut d'autre brigadier, son autorité et sa responsabilité passent au plus ancien garde.

Devoirs généraux. Cas d'absence.

ART. 196.

S'il y a quelque malade à la chambre, le brigadier en informe, à l'appel du matin, le maréchal-des-logis en chef, qui en fait avertir le chirurgien-major, par un billet déposé au corps-de-garde de police. Dans un cas grave, il va lui-même chercher le chirurgien-major; et si c'est pendant la nuit, il en prévient l'officier inférieur de garde, qui est tenu de l'envoyer appeler par un des gardes de service.

Malades à la chambre.

ART. 197.

Il veille à ce que toutes les parties de l'habillement, de l'armement et de l'équipement des gardes qui sont commandés de service, soient dans le meilleur état possible. Il veille également à ce que ceux qui doivent sortir de l'hôtel soient dans une tenue exacte.

Il fait préparer, aux heures prescrites, les gardes désignés pour les différens services et pour les classes d'instruction.

Il se fait rendre et remet au maréchal-des-logis en chef les cartouches et balles des gardes rentrant de service.

Soins de propreté, &c.

ART. 198.

Il fait cesser tous les jeux qui pourraient occasionner des querelles ou être contraires au bon ordre.

Il ne permet pas que l'on fume au lit, que l'on batte les habits dans les chambres, que l'on se serve des draps ou des couvertures pour s'essuyer, que sous aucun prétexte on retire la paille des paillasses, que les gardes nettoient leurs armes sur les lits, ni qu'ils s'y couchent avec leurs bottes ou souliers.

Police de son escouade.

ART. 199.

Il rend compte au maréchal-des-logis de semaine ou à celui

Rapports.

R

de son peloton, et au maréchal-des-logis en chef, des punitions qu'il a été dans le cas d'infliger. Il doit, de plus, des rapports détaillés au maréchal-des-logis de peloton, lorsque celui-ci fait sa tournée.

En cas d'événement imprévu, comme duel, vol, &c., il en informe sur-le-champ le maréchal-des-logis de peloton ou celui de semaine, ou le maréchal-des-logis en chef.

ART. 200.

Surveillance sur les effets après le service.

Lorsque les gardes sont rentrés d'un service quelconque, il examine s'ils rapportent tous leurs effets; il les oblige à les faire remettre dans le plus grand état de propreté, et replacer dans l'ordre accoutumé.

ART. 201.

Effets prêtés. Visite des porte-manteaux.

Il s'oppose à ce que les gardes se prêtent leurs effets d'habillement, harnachement et armement, à moins d'une autorisation du maréchal-des-logis en chef.

Il peut faire ouvrir un ou plusieurs porte-manteaux, pour s'assurer que les effets y sont placés conformément aux réglemens.

ART. 202.

Coiffure de nuit.

Il empêche les gardes de se servir de leurs bonnets de police pour la nuit.

ART. 203.

Tenue des chambres.

Les chambres sont toujours dans le meilleur état de propreté; les manteaux, pliés suivant la manière établie, sont placés sur la planche du lit de chaque garde, ainsi que les porte-manteaux, casques et chapeaux dans leurs boîtes; les bottes accrochées; les armes et les gibernes suspendues; le linge et les effets placés convenablement dans les commodes.

Service de semaine.

ART. 204.

Tenue du brigadier de semaine. Cas où il y en a deux par escadron.

Le brigadier de semaine est toujours en tenue. Il en est établi deux par escadron, dans les cas prévus par l'article 175 pour les maréchaux-des-logis.

ART. 205.

Il réunit les gardes des différentes classes d'instruction; et, après l'inspection du maréchal-des-logis, il conduit ceux de la première leçon au rassemblement général.

TROMPETTES.

ART. 206.

Les trompettes sont, pour leur service et leur instruction, sous la surveillance du trompette major.

Police et instruction.

Le trompette-major est obligé d'instruire tous les trompettes aux sonneries de l'ordonnance, d'en former un nombre suffisant pour les fanfares, et de leur enseigner les élémens de la musique. Chaque jour, il en réunit au moins la moitié pour les leçons et répétitions, et il rend compte de leur instruction à l'adjudant, sous la surveillance duquel ils sont placés.

ART. 207.

Il y a vingt-neuf sonneries distinctes pour le service; savoir: *la générale; — le boute-selle; — le boute-charge; — à cheval; — l'assemblée; — la messe; — la marche; — la charge; — le ralliement; — la retraite; — le réveil; — le repas des chevaux; — le pansage; — l'abreuvoir; — les distributions; — l'instruction; — les corvées; — la soupe; — le ban; — la fermeture du ban; — à l'ordre; — à l'ordre pour les fourriers; — à l'ordre pour les maréchaux-des-logis de semaine; — à l'ordre pour les maréchaux-des-logis en chef; — à l'ordre pour la réunion des trompettes; — le rassemblement des gardes; — l'appel des consignés; — l'appel après la retraite; — l'extinction des feux.*

Sonneries.

Quand des troupes de plusieurs corps occupent le même quartier, les trompettes-majors s'entendent entre eux, d'après les ordres de leurs chefs, pour ajouter à chaque sonnerie quelque signal distinctif, de manière que le service ne soit pas confondu entre les corps.

ART. 208.

Le trompette-major se trouve tous les jours en tenue à la parade, et s'y place derrière les officiers inférieurs de semaine.

Parade.

Il reçoit au cercle les ordres pour son service; et lorsqu'il y en a d'imprévus, il les reçoit de l'adjudant, qui peut quelquefois lui permettre de se faire suppléer par le plus ancien trompette à la garde montante, lorsqu'il n'y a pas de parade.

ART. 209.

Retraite.

Tous les soirs, il rassemble, pour faire sonner la retraite, les trompettes sur la place d'armes, quand il y a d'autres troupes dans la garnison; et en cas contraire, devant le quartier, ainsi que sur les autres points que l'adjudant lui a indiqués.

ART. 210.

Service et corvées.

Tous les trompettes roulent ensemble pour le service de garde et de détachement. Le trompette-major les commande à tour de rôle et par rang d'ancienneté sur toute la compagnie, en observant de ne pas commander en même temps deux trompettes du même escadron.

Il y a tous les jours un trompette de service, et plus si le cas l'exige, pour faire exécuter toutes les sonneries.

Il ne quitte ni le jour ni la nuit la garde de police. Il est aux ordres de l'adjudant-major, de l'adjudant et de l'officier inférieur de garde.

Les trompettes peuvent être exemptés de certaines corvées; mais ils sont sujets à celles de leur chambrée, de l'ordinaire et du fourrage, quand il y a lieu, et, au besoin, au pansage de leurs chevaux et à la garde des écuries.

ART. 211.

Cas de séparation de la compagnie.

Quand la compagnie se divise pour camper ou pour cantonner, le trompette-major marche avec l'escadron où se trouve le capitaine des gardes.

Le plus ancien trompette marche avec l'autre escadron, où il commandera les trompettes.

Les autres trompettes suivent leurs escadrons respectifs.

MODE DE RÉCEPTION
DES OFFICIERS SUPÉRIEURS ET INFÉRIEURS.

ART. 212.

Officiers supérieurs et officiers inférieurs de l'état-major.

Les officiers promus à de nouveaux emplois sont reçus de la manière suivante:

Le capitaine des gardes, par le capitaine des gardes de service, devant la compagnie assemblée à cet effet et sous les armes, le corps des officiers étant en grande tenue, ainsi que la troupe ;

Le lieutenant commandant, par le capitaine des gardes, ou, en son absence, par l'officier supérieur ayant le commandement par *intérim*, devant la compagnie sous les armes et assemblée à cet effet ;

Les lieutenans qui commandent les escadrons, par le lieutenant-commandant de la même compagnie ; les seconds lieutenans, par les premiers lieutenans ; les sous-lieutenans, par le lieutenant qui commande l'escadron, ou par le second lieutenant, quand ce dernier commande par *intérim*, devant l'escadron sous les armes, lors de la plus prochaine réunion ;

Le lieutenant-major, par le lieutenant-commandant, ou le lieutenant qui commanderait en son absence, devant un escadron formé de détachemens des deux escadrons de la compagnie, le trésorier et l'officier d'habillement présens, s'ils sont sur les lieux ;

L'adjudant-major, par le lieutenant de semaine ; le porte-étendard, le trésorier et l'officier d'habillement, par le lieutenant-major, à la garde montante, devant un piquet formé de fractions de chaque escadron, et d'une force égale à celle d'un détachement de leur emploi ;

L'adjudant, à la garde montante, par l'adjudant major, à la tête des officiers inférieurs assemblés, le porte-étendard excepté.

L'officier qui doit être reçu est armé, faisant face à la troupe, et placé à la gauche de celui qui le fait recevoir. Ce dernier met l'épée à la main, et dit à haute voix :

« DE PAR LE ROI, officiers supérieurs, inférieurs et gardes, » vous reconnaîtrez M. *(le nom)*, ici présent, pour *(désigner* » *l'emploi)*, et vous lui obéirez en tout ce qu'il vous comman- » dera pour le bien du service de SA MAJESTÉ et pour l'exé- » cution des réglemens militaires. »

Quand l'officier qui procède à la réception est d'un grade inférieur à celui de l'officier qu'il reçoit, il substitue dans la formule ci-dessus, *nous reconnaissons*, aux mots *vous reconnaîtrez* ; et *nous lui obéirons*, à ceux *vous lui obéirez*.

La nomination et l'entrée en fonctions du chirurgien-major et de l'aumônier sont annoncées par l'ordre du jour de la compagnie, lors de leur arrivée, ce qui, à leur égard, tient lieu de réception.

ART. 213.

Officiers inférieurs des escadrons.

Les officiers inférieurs des escadrons sont reçus de la manière suivante:

Les maréchaux-des-logis en chef, maréchaux-des-logis et brigadiers-fourriers, par le lieutenant qui commande l'escadron ou par le second lieutenant, lorsque l'escadron prend les armes;

Le brigadier, par l'officier de semaine, à l'un des appels;

Le trompette-major, par l'adjudant, à la garde montante, et à la tête des trompettes assemblés.

La formule de réception est analogue à celle indiquée par l'article précédent.

CONSIGNE GÉNÉRALE
POUR LA GARDE DE POLICE.

ART. 214.

Il y a toujours à l'hôtel une garde de police, dont la force est proportionnée aux localités, aux circonstances, et déterminée par le commandant de la compagnie.

Elle défile dans l'intérieur de l'hôtel; elle ne reçoit de consignes verbales et journalières que des officiers supérieurs de semaine, de l'adjudant-major et de l'adjudant, et n'en reçoit d'écrites et de permanentes que du commandant de la compagnie.

Devoirs de la Sentinelle du poste.

ART. 215.

Alertes. Honneurs.

Comme toutes les sentinelles, celle du poste de la garde de police a trois alertes pour lesquelles elle crie aux armes, *le Bon-Dieu*, *le feu* et *le bruit*. Elle crie aussi aux armes pour rendre les honneurs aux membres de la famille royale, et aux capitaines des gardes lorsqu'ils entrent à l'hôtel.

Elle se conforme, du reste, à la consigne qui lui est donnée par le commandant du poste.

Devoirs du Brigadier de garde.

ART. 216.

Place du brigadier.

Le brigadier se place à la droite de la garde lorsqu'il la commande, et à la gauche dans le cas contraire.

ART. 217.

Il doit reconnaître, en arrivant, tous les ustensiles, registres et consignes du corps-de-garde. S'il les trouve en mauvais état, il en fait le rapport au commandant du poste, et celui-ci à l'adjudant. Il fait de même pour la salle d'arrêts, et il y vérifie le nombre des détenus.

Vérification au corps-de-garde, &c.

ART. 218.

Il numérote les gardes-du-corps composant la garde de police, pour déterminer l'ordre de faction ; il désigne, lorsqu'il y a lieu, ceux qui doivent aller faire les rapports verbaux et recevoir l'ordre et le mot.

Répartition du service entre les gardes-du-corps composant la garde.

ART. 219.

Pour placer les factionnaires, il fait sortir en même temps tous les gardes de pose, leur fait porter les armes ou mettre le sabre à la main à son commandement, les présente à l'inspection du commandant du poste, et les conduit aux postes désignés. S'il y a moins de quatre gardes, il les place sur un rang pour les conduire ; et sur deux, s'il y en a davantage. Il relève d'abord la sentinelle du poste, et ensuite la plus éloignée. Toutes, excepté la première, doivent le suivre jusqu'à son retour au poste, et s'arrêter à six pas de celle qu'on remplace. Pour relever, il place la nouvelle sentinelle à la gauche de l'ancienne, et commande : *A droite et à gauche, présentez vos armes.* Il fait répéter la consigne, et y ajoute ce qu'il croit convenable pour la faire mieux comprendre. Il reconnaît les objets que doivent contenir les guérites, tels que consignes, &c. ; il ramène les factionnaires dans le même ordre qu'il a conduit la pose, leur fait remettre le sabre, toujours au commandement, et rompre les rangs pour les faire rentrer. Il rend compte au maréchal-des-logis.

Manière de relever les sentinelles.

ART. 220.

Lorsqu'une ronde ou patrouille est arrêtée, la garde prend les armes, le brigadier se porte à quinze pas de la sentinelle, crie à son tour, *Qui vive ?* et après qu'on lui a répondu, il dit : *Avancez à l'ordre.* Il a désigné d'avance les gardes pour aller reconnaître avec lui.

Reconnaissance des rondes et patrouilles.

ART. 221.

Salle d'arrêts.

Le brigadier a les clefs de la salle d'arrêts, et ne peut les confier qu'au maréchal-des-logis de garde, pendant qu'il va relever les sentinelles. Il n'y laisse entrer et n'en laisse sortir qui que ce soit, que d'après les ordres du commandant du poste.

Il empêche que les prisonniers aient des relations avec qui que ce soit, et en conséquence il n'ouvre la porte que pour les officiers supérieurs ou inférieurs qui vont les visiter par ordre supérieur.

Tous les matins, il y fait la visite, reconnaît les dégradations, voit s'il n'y a pas de malades, fait balayer par les hommes d'équipage, vider les baquets et renouveler l'eau dans les cruches. Avant la nuit, il fait la même chose.

ART. 222.

Ouverture et fermeture des écuries et de l'hôtel. Lanternes.

Le brigadier peut en outre être chargé des clefs des écuries, et d'en faire ouvrir et fermer les portes aux heures fixées, ou d'après l'ordre du maréchal-des-logis de garde; il a constamment le même service pour les postes de l'hôtel. Dès qu'il fait nuit, il veille à ce que les hommes d'équipage, gardes d'écuries, allument les lanternes des écuries, qui doivent éclairer jusqu'au point du jour.

Devoirs du Maréchal-des-logis de garde.

ART. 223.

Place et formation de la nouvelle garde.

Le maréchal des logis amène la garde, lorsqu'il la commande, à la gauche de l'ancienne, ou vis-à-vis à défaut d'espace, et la place, dans l'un comme dans l'autre cas, sur deux rangs lorsqu'elle est au-dessus de six gardes; il ne fait rompre les rangs que lorsque l'autre est partie et a remis le sabre.

ART. 224.

Le maréchal-des-logis responsable de tout le service du poste.

Il répond de la ponctualité du brigadier et des sentinelles à remplir leurs devoirs; il doit donc les leur faire répéter souvent. Il est chargé de faire exécuter toutes les sonneries, et doit le faire avec l'exactitude la plus scrupuleuse; il a en conséquence à sa disposition le trompette de service, à qui il ne doit laisser quitter le poste ni le jour ni la nuit.

ART. 225.

Il visite la salle d'arrêts le matin et le soir, et reçoit les demandes ou réclamations des détenus. Il fait prévenir les officiers supérieurs et inférieurs auxquels les prisonniers desireraient faire personnellement leurs réclamations, ce qui ne peut être accueilli lorsque le réclamant est pris de vin.

Visite de la salle d'arrêts.

ART. 226.

A la retraite, il fait mettre les bonnets de police à la garde, permet qu'on mette les pantalons de cheval, et fait fermer les portes de l'hôtel, ne laissant ouvert que le guichet.

Tenue du soir. Fermeture de l'hôtel.

ART. 227.

Après la retraite, il visite toutes les portes de l'hôtel et des écuries que le brigadier a dû faire fermer: pendant la nuit, il fait plusieurs tournées pour s'assurer que l'ordre règne dans l'hôtel et dans les écuries.

Rondes aux écuries, &c.

ART. 228.

Avant ou après chaque visite d'écurie, il fait des rondes autour de l'hôtel, pour vérifier si tout est tranquille, et s'il n'y a point de lumières dans les chambres. Il peut se faire suppléer quelquefois par le brigadier, dans ces rondes, comme dans les visites d'écurie; mais, attendu que celui-ci a ses courses de pose, il ne doit le faire que rarement, cette responsabilité importante ne pouvant guère d'ailleurs être partagée.

Rondes autour de l'hôtel.

ART. 229.

Il remet au chirurgien-major, lorsqu'il vient le matin faire sa visite à l'hôtel, les billets que, dans les cas ordinaires, les maréchaux-des-logis en chef ont fait déposer au corps-de-garde.

Si, pendant la nuit, il est averti que quelqu'un a besoin de prompts secours du chirurgien-major, il l'envoie aussitôt appeler.

Secours du chirurgien-major.

ART. 230.

Il inscrit sur son registre les officiers inférieurs et gardes qui rentreraient après l'heure fixée. Le brigadier, lorsqu'il n'y

Rentrée à l'hôtel après l'heure fixée.

T

a pas de maréchal-des-logis de garde, réunit les fonctions des deux emplois.

ART. 231.

Heure de tenue et d'inspection de la garde.

A six heures du matin en été, à sept en hiver, il fait mettre sa garde en bonne tenue, et en passe l'inspection; ce qu'il est libre de faire aussi souvent que le bien du service le lui fait juger nécessaire.

ART. 232.

Registre des rapports et comptes journaliers.

Il y a au corps-de-garde de police un registre, fourni par la compagnie, sur lequel la présente consigne est inscrite, et qui sert à l'enregistrement de toutes celles qui peuvent être données pour un terme au-delà d'une semaine, des entrées et sorties de la salle d'arrêts, des rentrées à l'hôtel après l'appel ou après les heures portées aux permissions, des diverses rondes et patrouilles, s'il en est fait, et enfin de toutes les notes dont l'objet doit être mentionné au rapport. Ce registre est signé par le maréchal-des-logis, et arrêté chaque jour par l'adjudant, entre huit et neuf heures du matin, instant où le maréchal-des-logis va le lui présenter et lui rendre compte. Il est arrêté définitivement tous les dimanches, par le lieutenant de semaine.

Quelques feuilles de ce registre sont consacrées à inscrire la demeure de tous les officiers de la compagnie, ainsi que du chirurgien-major et de l'aumônier. L'adjudant a soin d'y faire mentionner les changemens à mesure qu'ils surviennent.

ART. 233.

Descente de la garde.

La sentinelle crie *aux armes*, dès qu'elle aperçoit la nouvelle garde. Après que les consignes sont rendues, le corps-de-garde et la salle d'arrêts visités, le maréchal-des-logis, s'il commande la garde, fait partir sa troupe par le flanc; il l'arrête à quinze pas, lui fait remettre le sabre, et la fait rentrer.

ART. 234.

Disposition générale.

Quel que soit l'emploi du commandant de la garde de police, il est responsable de l'entière exécution de la présente consigne.

SERVICE DES HOMMES D'ÉQUIPAGE.
ET CONSIGNE DES GARDES D'ÉCURIE.

ART. 235.

Il est commandé chaque jour une garde d'écurie, composée *Composition et tenue.*
de trois ou quatre hommes d'équipage par escadron, et de
plus de quatre, si le cas l'exige, lesquels sont toujours en
bonnet de police, gilet, pantalon d'écurie, sabots ou mauvais
souliers. Cette garde est relevée tous les jours à onze heures
et demie, par les soins du brigadier de semaine.

ART. 236.

Les gardes d'écurie reçoivent et rendent, en présence du *Consignes et ustensiles.*
brigadier-fourrier, les consignes et ustensiles d'écurie, desquels
ils sont responsables. S'il s'en trouve de perdus ou d'endom-
magés par leur faute, il leur est fait une retenue propor-
tionnelle pour le remplacement ou la réparation.

Tous les soirs, avant l'heure d'allumer, ils vont prendre les
lampes chez le brigadier-fourrier chargé des détails d'écurie,
et les lui reportent tous les matins, après le déjeûner des
chevaux.

ART. 237.

Ils doivent être en activité jour et nuit, accourir au moindre *Vigilance à prévenir les accidens.*
bruit que font les chevaux, afin de prévenir les accidens, s'ils
se battent, s'embarrassent dans leurs longes ou se détachent.
Tous les inconvéniens de ce genre peuvent être si aisément
prévenus, qu'il n'en survient guère que par la négligence des
gardes d'écurie. Ils sont pourvus de deux colliers pour attacher
les chevaux qui cassent leur licou.

ART. 238.

Ils ne peuvent s'absenter que pour aller manger la soupe, *Ne peuvent s'absenter.*
si toutefois les écuries sont sous les chambres; dans ce cas,
ils sont remplacés par d'autres hommes d'équipage, désignés
par leur chef d'équipage; dans le cas contraire, la soupe leur
est apportée.

ART. 239.

Ils ne donnent jamais à manger aux chevaux qu'en présence *Repas des chevaux.*
des chefs et sous-chefs d'équipage, et aux heures fixées ci-après,

s'il n'en a point été fixé d'autres; savoir : du 1.ᵉʳ octobre au 1.ᵉʳ avril, à six heures du matin et à six heures du soir; une heure plutôt les autres mois de l'année; et, en tout tout temps, à midi.

ART. 240.

Réveil et devoirs des hommes d'équipage et des gardes d'écurie.

A la sonnerie du réveil, les sous-chefs d'équipage font lever les hommes d'équipage et en envoient de suite aux écuries pour aider les gardes d'écurie à donner à déjeûner aux chevaux, enlever le crottin, nettoyer les écuries, relever et faire la litière; les autres hommes d'équipage, après avoir découvert les lits et ouvert les fenêtres, se rendent à l'appel pour le pansage, munis de leurs musettes garnies : cet appel est fait par le chef d'équipage, devant les fourriers chargés des écuries. Les gardes d'écuries restent seuls chargés d'entretenir la plus grande propreté, de ne laisser jamais séjourner sous les chevaux ni urine ni crottin, de relever la paille à mesure qu'elle s'étend, de remettre à la litière celle qui est mouillée, après l'avoir fait sécher, si la saison le permet; ils rejettent l'autre dans le râtelier, évitant d'en mêler avec le crottin, qui doit toujours être amassé en petits tas sur une même ligne, et mis hors de l'écurie, chaque fois qu'on vient donner à manger aux chevaux.

ART. 241.

Police intérieure des écuries.

Les portes et fenêtres des écuries restent toujours ouvertes, excepté dans les fortes gelées, ou dans les grandes chaleurs, lorsque le soleil y donne. Les gardes d'écurie empêchent qu'on n'y entre avec du feu et qu'on n'y fume; ils ne doivent point y laisser entrer ni en laisser sortir de chevaux, sans l'autorisation d'un officier supérieur ou inférieur, ou du chef d'équipage.

ART. 242.

Portes. Réverbères. Couvertures.

Le brigadier de garde est chargé des clefs de l'enceinte des écuries; il en fait ouvrir et fermer les portes aux heures déterminées ou d'après l'ordre du maréchal-des-logis. Dès qu'il est nuit, il fait allumer les réverbères ou lanternes, que les gardes d'écurie doivent soigneusement entretenir éclairés jusqu'au jour. Quand on leur fournit des couvertures, il leur est défendu de se servir de manteaux pour aucun motif.

ART. 243.

Les gardes d'écurie rendent compte aux officiers supérieurs et inférieurs de ronde, et, à chaque pansage, au brigadier-fourrier chargé des écuries de leur escadron, du nombre de chevaux qui se sont détachés ou échappés, de celui des licous cassés, des accidens qui ont pu avoir lieu dans l'intervalle des pansages, et enfin des indispositions des chevaux, s'il en est survenu. Si ces accidens ou indispositions sont d'une nature grave, ils n'attendent pas les rondes ou visites pour en avertir; mais ils en informent sur-le-champ l'officier inférieur de garde ou le fourrier, qui en prévient le vétérinaire ou l'officier, selon le cas.

Accidens et indispositions des chevaux.

ART. 244.

L'adjudant-major, les officiers supérieurs et inférieurs de semaine, l'adjudant, l'officier inférieur de garde et les fourriers chargés du soin des écuries dans chaque escadron, veilleront à l'exécution de la présente consigne, qui doit être affichée dans les écuries et au corps-de-garde.

Exécution et affiche de consigne.

ART. 245.

L'adjudant-major, l'officier chargé du casernement et le brigadier-fourrier qui a la surveillance spéciale des objets d'écurie, font de fréquentes visites, chacun en ce qui le concerne, et ordonnent de mettre au compte des gardes d'écurie ou des autres hommes d'équipage, selon le cas, les remplacemens ou réparations nécessaires.

Visite des ustensiles d'écurie.

SERVICE DU MARÉCHAL-VÉTÉRINAIRE.

ART. 246.

Le service du maréchal-vétérinaire et les dépenses y relatives sont réglés et surveillés, sous la direction du lieutenant-major, par l'officier qui possède le plus de connaissances en hippiatrique. La surveillance de cet officier s'étend, non-seulement aux chevaux réunis à l'infirmerie, mais encore à ceux qui, pour des accidens légers, auraient besoin d'être pansés dans les écuries des escadrons.

Officier chargé de la surveiller.

V

ART. 247.

Subordination. Autorité. Responsabilité. Devoirs.

Le maréchal-vétérinaire est aux ordres de l'officier chargé de surveiller son service.

Les maréchaux-ferrans sont subordonnés au vétérinaire.

Le maréchal-vétérinaire est responsable du traitement des chevaux malades, et de leur guérison, autant qu'elle peut dépendre de ses soins.

Il ne doit rien négliger pour conserver ou rétablir la santé des chevaux, mais sur-tout pour les préserver des maladies contagieuses.

Si un cheval est attaqué ou présumé attaqué de la morve, il doit le faire mettre à part sur-le-champ, et en prévenir l'officier sous les ordres duquel il est placé.

Il assiste au pansage et fait son rapport au fourrier chargé de la police des écuries dans chaque escadron.

Tous les matins, à neuf heures, il se trouve à la réunion des officiers supérieurs et inférieurs pour le rapport général.

ART. 248.

Abonnement. Remplacemens des maréchaux-ferrans.

L'officier chargé de la surveillance du service du maréchal-vétérinaire propose au lieutenant-major, qui les soumet au conseil d'administration,

Les abonnemens pour les traitemens des chevaux pour cause de maladies ou d'accidens habituels;

Les abonnemens pour la ferrure des chevaux d'escadron et de ceux des officiers;

Le remplacement des maréchaux-ferrans, quand il y a lieu.

ART. 249.

Réception et marque des chevaux.

Il est toujours appelé à la réception des chevaux de remonte; et c'est lui qui leur applique la marque de la compagnie, après qu'ils ont été reçus.

ART. 250.

Registre des dépenses.

Il tient, pour les objets non compris dans l'abonnement, un registre de ses dépenses, coté et paraphé par le lieutenant-major, qui le vise tous les mois et l'arrête tous les trois mois, pour le soumettre au conseil d'administration.

ART. 251.

Un brigadier ou un garde, et l'un et l'autre au besoin, sont attachés à l'infirmerie, sous les ordres du brigadier-fourrier : dans ce cas, ce brigadier est exempt du service de semaine dans son escadron.

Infirmerie.

INSTRUCTION.

ART. 252.

Le capitaine des gardes, étant responsable de l'instruction, veille constamment à ce que l'ordonnance soit ponctuellement suivie, et que, sous aucun prétexte, on ne s'écarte ni des principes ni de la progression qui y sont établis, ni des égards avec lesquels l'instruction doit être donnée aux officiers de tout grade.

Officiers employés à
l'instruction.

Il fait choix des instructeurs et des sous-instructeurs, sur la proposition du lieutenant-commandant.

Le lieutenant-commandant surveille l'instruction dans ses détails et dans son ensemble. C'est à lui que le capitaine des gardes fait connaître ses intentions à cet égard.

Il a sous ses ordres deux officiers supérieurs pour l'instruction à cheval et à pied, avec le titre d'*instructeurs*.

Ces deux instructeurs ont chacun à leur disposition deux officiers inférieurs ou gardes de la première classe d'instruction pour les seconder, avec le titre de *sous-instructeurs*.

La théorie aura lieu sur toutes les parties du service et de l'instruction qui doivent être à la connaissance des officiers supérieurs, inférieurs et gardes, relativement à leurs emplois respectifs dans les compagnies et à leurs grades correspondans dans l'armée. On suivra, pour l'instruction à cheval, l'ordonnance sur les manœuvres de la cavalerie, et, pour l'instruction à pied, l'ordonnance sur les manœuvres de l'infanterie, avec le port d'armes des sous-officiers.

Les instructeurs et sous-instructeurs sont exempts des gardes et des piquets, et du service de semaine, pendant le temps de l'instruction; mais ils continuent d'exercer, à l'égard de leur troupe, les fonctions constitutives de leur emploi.

Le lieutenant-commandant et les instructeurs veillent à ce que l'on ait, à l'égard des sous-instructeurs, une déférence constante et absolue pour tout ce qui est relatif à l'instruction.

ART. 253.

Instruction à cheval.

Chaque année, à l'époque où, d'après l'ordonnance des manœuvres, le travail doit commencer, le lieutenant-commandant, assisté des deux instructeurs et du premier lieutenant, examine successivement les officiers inférieurs et gardes de chaque escadron, pour déterminer à quelle classe ils doivent être placés.

Pendant un mois environ, les officiers supérieurs, inférieurs et gardes déjà instruits, doivent être mis aux quatrième et cinquième leçons et à l'école d'escadron (le capitaine des gardes peut en exempter les officiers que leur âge et leur instruction permettent d'en dispenser); on en excepte les sujets qui ont suffisamment d'instruction pour être remplacés par d'autres sortant des classes inférieures.

La sixième leçon peut être formée en même temps que les autres; elle reçoit la dénomination d'*école d'équitation*. On peut y admettre jusqu'à vingt officiers supérieurs, inférieurs et gardes, par escadron, reconnus pour être les plus propres à bien monter à cheval. Elle est toujours dirigée par le lieutenant-commandant ou par l'instructeur à cheval, secondé, s'il en est besoin, par les sous-instructeurs, ou par un ou deux officiers supérieurs ou inférieurs, choisis parmi ceux qui se sont le plus adonnés à l'équitation.

Cette école, dans laquelle on met principalement en pratique la sixième leçon de l'ordonnance, est destinée à former le plus grand nombre possible d'*hommes de cheval*, et à mettre les chevaux neufs en état d'entrer dans les rangs.

Les officiers de tout grade employés habituellement à l'instruction, peuvent être secondés et même remplacés quelquefois, dans la direction des classes ou leçons, par d'autres officiers. Les pelotons de l'école d'escadron sont commandés alternativement par les seconds lieutenans et les sous-lieutenans; et lorsque cet escadron est suffisamment affermi dans son instruction, il est commandé avec détail par les premiers lieutenans successivement, et fréquemment par les seconds lieutenans, sous les yeux du lieutenant-commandant ou de l'instructeur à cheval.

Le commandement des leçons, des pelotons et de l'escadron par divers officiers, ayant pour but de les rendre tous capables d'instruire, de bien conduire leur troupe, et de les former pour les emplois supérieurs aux leurs, le capitaine des gardes et le lieutenant-commandant tiennent soigneusement la main à l'exécution de ces dispositions.

A leur rentrée de semestre, les officiers supérieurs, inférieurs et gardes, sont examinés et exercés de la même manière qu'il a été procédé pour les autres.

Art. 254.

L'instructeur devant donner à ses sous-instructeurs la surveillance des première, deuxième et troisième leçons, il les autorise à y faire opérer les mutations que les progrès ou le défaut d'application des nouveaux arrivés rendent nécessaires.

Mutations entre les classes.

Il se réserve la direction des quatrième et cinquième leçons, et celle des écoles d'équitation et d'escadron. Il décide les mutations dans les quatrième et cinquième leçons; mais il propose les sujets qui lui paraissent mériter d'entrer à l'une de ces deux écoles, au lieutenant-commandant, qui ne prononce qu'après les avoir personnellement examinés au travail de la cinquième leçon, cette méthode ayant tout-à-la-fois l'avantage d'exciter l'émulation, et d'assurer au lieutenant-commandant les moyens de connaître les officiers inférieurs et gardes, et de remarquer particulièrement ceux qui donnent le plus d'espérances sous le rapport de l'instruction.

Autant que faire se peut, les mutations entre les diverses classes doivent être périodiques; par exemple, tous les quinze jours pour les quatre premières leçons, tous les mois pour l'école d'escadron, et tous les deux ou trois mois pour l'école d'équitation. A mesure que les élèves de ces écoles parviennent à un degré suffisant d'instruction, ils cessent d'y être appelés habituellement, excepté les élèves instructeurs qui auraient des dispositions *éminentes* pour cet art.

Chaque chef de leçon a le tableau des individus qui la composent; l'instructeur en a de sommaires par escadron pour les cinq premières leçons, et dénominatif pour les deux écoles. Les mutations sont inscrites régulièrement sur tous ces tableaux, qu'on renouvelle tous les mois. Une expédition de ceux tenus par l'instructeur est remise par lui au lieutenant-commandant, qui en fait son rapport au capitaine des gardes.

Art. 255.

L'heure des rassemblemens des diverses classes d'instruction

Réunion des classes. Exemptions.

X

est annoncée à l'ordre de la garde montante par l'adjudant-major, ainsi qu'il est expliqué à l'article 53.

Ces rassemblemens s'opèrent par les soins des instructeurs et des officiers supérieurs et inférieurs de semaine, qui doivent les inspecter sous les rapports de la tenue et du harnachement. C'est aux instructeurs et aux officiers employés sous leurs ordres à conduire la troupe sur le terrain d'exercice et à la ramener en ordre à l'hôtel.

Les exemptions pour l'instruction sont accordées aux officiers supérieurs par le lieutenant-commandant; aux officiers inférieurs et gardes, par le premier lieutenant. Pour plus d'un jour, elles sont demandées au rapport.

ART. 256.

Instruction à pied.

Les dispositions qui viennent d'être tracées pour l'instruction à cheval, s'appliquent à l'instruction à pied, en ce qu'elles ont d'analogue.

ART. 257.

Théories.

La théorie pour les manœuvres et pour le service, soit intérieur, soit de campagne, et pour celui des places, est faite aux officiers supérieurs par le lieutenant-commandant, qui peut la faire faire par un instructeur. Celle sur l'administration est toujours faite par le lieutenant-major, les officiers devant être instruits de tout ce que les lois accordent, et de tous les moyens qu'ils doivent employer pour en assurer l'obtention.

Le lieutenant-major préside également à la théorie sur l'hippiatrique, qu'il fait faire en sa présence par le maréchal-vétérinaire. Elle doit s'étendre à l'hygiène et à la ferrure, à la connaissance de l'âge, de la robe, des parties extérieures, des tares et maladies les plus ordinaires du cheval. Il fait aussi, ou fait faire devant lui, le détail des parties qui composent le harnachement.

Le porte-étendard doit assister aux théories des officiers supérieurs; l'adjudant doit s'y trouver aussi, à raison du tracé des lignes dont il est chargé dans les manœuvres, et de la surveillance générale qu'il a à exercer sur tout le service intérieur.

La théorie des officiers inférieurs doit être faite, 1.º par l'instructeur, sur l'instruction de détail, et sur ce qui a rapport aux pivots et distances; 2.º par l'adjudant-major, sur le service des places, de la garde de police des écuries; sur les devoirs des officiers inférieurs de semaine, de peloton et d'escouade ; enfin sur la manière de monter et démonter les armes, de panser, seller, brider, paqueter et charger, et sur toutes les parties du harnachement, afin que l'instruction sur ces divers objets soit répandue uniformément dans les escadrons.

Les maréchaux-des-logis chefs et les fourriers doivent être questionnés en outre sur ce qui concerne leurs fonctions administratives. Le lieutenant-major doit les réunir souvent, à cet effet, avec le trésorier et les officiers chargés de détails.

On se conformera au cinquième paragraphe de l'art. 252, en ce qui concerne la théorie sur les fonctions de leurs grades respectifs dans l'armée, lorsqu'ils seront suffisamment affermis dans l'instruction relative à leurs emplois dans la compagnie.

Art. 258.

En cas de séparation des escadrons, l'instruction de chacun d'eux sera dirigée par le lieutenant qui commande l'escadron. *Cas de séparation des escadrons.*

Art. 259.

Les capitaines des gardes encouragent, parmi les officiers de tout grade de leurs compagnies respectives, l'étude des mathématiques élémentaires appliquées à l'art de la guerre, ainsi que la lecture de tous les ouvrages, traités ou mémoires les plus propres à former leur instruction théorique. Ils s'attacheront de plus à former, dans chaque compagnie, une bibliothèque militaire destinée à cet usage. La garde de la bibliothèque sera particulièrement confiée à l'aumônier de la compagnie. *Études, bibliothèque.*

Art. 260.

L'escrime sera encouragée comme favorable au développement des qualités physiques, et propre à donner de la souplesse et de la dextérité. *École d'escrime.*

Art. 261.

Le local et l'ameublement des salles d'étude et d'exercice sont fournis par le casernement. *Local et ameublement.*

Art. 262.

Quand les localités le permettent, les commandans des compagnies doivent, en prenant les précautions convenables pour prévenir les accidens, établir et favoriser une école pour ap- *École de natation.*

prendre à nager, ce qui est utile à la santé et souvent nécessaire à la guerre; ils doivent également y faire exercer les
chevaux.

REVUES.

ART. 263.

Revues du capitaine
des gardes.

Toutes les dispositions relatives aux revues que le capitaine
des gardes juge à propos de passer, sont déterminées par les
ordres qu'il a donnés à l'avance; à son arrivée, et lorsqu'il l'a
ordonné, les officiers supérieurs se présentent chez lui dans la
tenue prescrite.

ART. 264.

Revues d'intendant
ou sous-intendant mi-
litaire.

Pour les revues d'intendant ou de sous-intendant militaire,
la compagnie est en tenue de service; mais elle ne la conserve
que pendant l'opération sur le terrain.

Toutes les dispositions relatives à ces revues sont déterminées par les réglemens spéciaux, auxquels on doit se conformer.

TENUE.

ART. 265.

Uniformité.

L'uniformité prescrite par les réglemens d'habillement sera
exactement observée; le commandant de la compagnie est responsable de la tenue des officiers supérieurs; et ceux-ci, de
celle des officiers inférieurs et gardes de leurs escadrons.

La tenue prescrite pour la compagnie l'est aussi pour les
trompettes, aux mêmes heures et dans les mêmes circonstances.

Il est interdit au commandant de la compagnie de rien
changer ni ajouter, prescrire ou tolérer, qui soit contraire aux
réglemens, sous peine de répondre personnellement, tant
envers l'État qu'envers ses subordonnés, des frais qui en seraient
résultés.

ART. 266.

Tenue.

Il y a trois tenues pour les officiers supérieurs, inférieurs et
gardes :

La tenue du matin,

La petite tenue,

La grande tenue.

Elles sont déterminées par les réglemens d'habillement.

Celle du matin est permise jusqu'à dix heures pour les officiers supérieurs, inférieurs et gardes en général, et jusqu'à midi pour ceux qui sont employés aux classes d'instruction ou qui en font partie.

La petite tenue est la tenue habituelle; les officiers de service intérieur ou de semaine doivent la prendre dès que leur service commence; elle n'est exigée pour les autres que depuis dix heures du matin.

La grande tenue ne se porte qu'en vertu des ordres du capitaine de la compagnie ou du capitaine de service.

ART. 267.

Les *maîtres ouvriers* et ouvriers entretenus sont habituellement dispensés de la tenue, pour pouvoir vaquer librement et en tout temps à leurs occupations.

> Maîtres ouvriers, Service de nuit, &c.

Tout officier supérieur, inférieur et garde dont le service doit durer la nuit, doit être muni de son manteau pour s'en couvrir au besoin.

Les officiers inférieurs et gardes qui veulent se procurer, à leur compte, des effets d'habillement, sont tenus de se conformer à ce que prescrit l'uniforme.

ART. 268.

Le commandant de la compagnie fait connaître à l'ordre la tenue dans laquelle la troupe et le corps d'officiers doivent paraître quand ils se rassemblent.

> Tenue lors des rassemblemens.

ART. 269.

Toutes les parties de l'armement qui sont en fer et en cuivre, doivent être toujours soigneusement nettoyées. Les fusils doivent être garnis de pierres de bois. Pour le service et les revues ils doivent l'être de pierres à feu dont les angles soient arrondis; on les contient entre les mâchoires du chien, au moyen d'un plomb reployé.

> Armes.

MESSE.

ART. 270.

Les jours de fête et dimanche, les officiers supérieurs, infé-

Y

rieurs et gardes se réunissent dans la tenue prescrite, pour se rendre, en corps d'officiers, à la messe qui est dite par l'aumônier de la compagnie. Dans les cérémonies qui exigeraient un service armé dans l'intérieur de l'église, les officiers supérieurs, inférieurs et gardes qui en font partie, restent couverts et portent la main au casque en mettant le genou à terre ; tous les autres doivent être découverts, quelle que soit leur coiffure.

Pendant la messe, les trompettes ne sonnent que des airs d'un genre grave et analogue à la sainteté du lieu.

Pendant l'élévation, ils sonnent la marche.

Les officiers supérieurs et inférieurs de semaine tiennent la main à ce que les gardes observent la décence convenable pendant le service divin. Les officiers placés dans le chœur de l'église en donnent eux-mêmes l'exemple.

PERMISSIONS.

ART. 271.

Le nombre peut en être limité par le capitaine des gardes.

Le capitaine des gardes détermine, selon les circonstances, les besoins du service et de l'instruction, le nombre des permissions qui peuvent être accordées, soit pour la totalité de la compagnie, soit pour chaque escadron.

ART. 272.

Permissions pour la journée.

La dispense des devoirs, pour toute la journée ou partie de la journée, excepté ce qui est prévu par l'article 255, est accordée aux officiers supérieurs des escadrons, par les premiers lieutenans, qui en rendent compte au lieutenant-commandant ;

Aux premiers lieutenans et au lieutenant-major, par le lieutenant-commandant ou le capitaine des gardes : dans le dernier cas, ces officiers sont tenus d'en prévenir le lieutenant-commandant ;

A l'adjudant-major, par le lieutenant de semaine, qui en informe le lieutenant-commandant ;

Aux sous-lieutenans de semaine, par le lieutenant de semaine, qui en rend compte au lieutenant-commandant ;

Au trésorier et aux officiers chargés de détails, par le lieutenant-major, qui en prévient le lieutenant-commandant.

L'exemption du service pendant la journée entière, oblige les officiers supérieurs et inférieurs de semaine à se faire remplacer. Il ne peuvent obtenir l'exemption de quelques devoirs que pour des motifs urgens et légitimes.

ART. 273.

Les permissions de s'absenter de la garnison, quelle qu'en soit la durée, ne peuvent être accordées aux officiers supérieurs que par le capitaine des gardes de la compagnie, et, en son absence, par le capitaine des gardes de service, ou en vertu des ordres que le capitaine de la compagnie aurait laissés à ce sujet au lieutenant-commandant.

Permissions pour quitter la garnison.

ART. 274.

Toute permission accordée à un officier supérieur, inférieur et garde, pour le service de la journée et au-delà, est mentionnée au rapport général des vingt-quatre heures.

Mention au rapport.

ART. 275.

Les permissions ne peuvent être accordées en même temps au premier lieutenant et au second lieutenant du même escadron.

Permissions aux deux lieutenans d'un escadron.

ART. 276.

Les officiers supérieurs, inférieurs et gardes rentrant de permission, se présentent à leur supérieur immédiat et au commandant de la compagnie.

Quelle qu'ait été la durée de leur absence, ils doivent prendre connaissance des ordres donnés depuis leur départ, et signer le livre pour en justifier.

Officiers rentrans de permission.

ART. 277.

Les capitaines des gardes, délivrant eux-mêmes, et conformément à l'article 14 de l'ordonnance du 28 avril 1819, les congés aux officiers de tout grade de leurs compagnies respectives, ne sont tenus de rendre compte au ministre que des congés ou permissions outre-passés depuis plus d'un mois.

Les officiers supérieurs, inférieurs et gardes, qui n'ont pas rejoint à l'expiration de leurs congés ou permissions, et qui ne justifient pas de leur retard, sont mis aux arrêts de rigueur ou en prison pour autant de jours qu'ils ont manqué à se rendre à la compagnie.

Officiers en retard de rejoindre.

PUNITIONS.

ART. 278.

Sont réputés fautes contre la discipline, et punis comme telles, suivant la gravité, tout mauvais propos, toute voie de fait envers un subordonné, toute punition injuste; tout murmure, tout mauvais propos ou tout défaut d'obéissance de la part d'un inférieur, quelque raison qu'il croie avoir de se plaindre; l'infraction des punitions ordonnées; l'ivresse, pour peu qu'elle trouble l'ordre public ou militaire; tout dérangement de conduite; les querelles entre militaires ou avec des citoyens; le manque aux appels, à l'instruction, aux revues ou aux inspections; les contraventions aux ordres et aux règles de police; enfin toute faute contre le devoir militaire, provenant de négligence, de paresse ou de mauvaise volonté.

Les fautes sont toujours plus graves, quand elles sont réitérées ou habituelles, quand elles ont lieu pendant la durée du service, ou lorsqu'il s'y joint quelque circonstance déshonorante ou qui entraîne du désordre.

Tout supérieur qui rencontre un inférieur pris de vin, occasionnant du scandale, troublant la tranquillité publique, ou dans une tenue indécente, doit employer son autorité pour le faire rentrer dans l'ordre et le punir, s'il y a lieu, sous peine d'être puni lui-même.

ART. 279.

Les punitions doivent être infligées par le seul motif d'infraction aux devoirs, et jamais par haine ou par passion. On ne saurait trop s'attacher à connaître toutes les circonstances qui peuvent atténuer ou aggraver les fautes, afin que la justice la plus exacte préside à leur répression; mais aussi nulle faute, sur-tout si elle est publique, ne doit demeurer impunie.

On ne doit jamais, en infligeant une punition, se permettre des propos outrageans ou avilissans: le calme du supérieur doit faire connaître qu'il n'écoute que la loi du devoir, et qu'il n'a d'autre objet que le bien du service.

ART. 280.

Les punitions à infliger aux officiers pour les fautes de discipline, sont les arrêts simples, qui ne peuvent excéder deux mois ; les arrêts de rigueur, dont la durée ne doit pas outre-passer un mois, et la prison, qui ne peut être que de quinze jours au plus.

ART. 281.

Tout officier peut être mis aux arrêts simples par tout autre d'un emploi supérieur, ou même d'un emploi égal, si ce dernier est plus ancien, et s'il a le commandement de la compagnie, de l'escadron ou du détachement.

Un officier aux arrêts simples est tenu de garder la chambre, recevant ou ne recevant personne, selon qu'il a été ordonné ; il n'est exempt d'aucun service.

Arrêts simples.

ART. 282.

Les arrêts de rigueur et la prison ne peuvent être ordonnés que par le commandant de la compagnie. Il oblige l'officier de remettre son épée.

Cette punition suspend de toute fonction militaire, et prive de toute communication verbale.

L'épée d'un officier aux arrêts de rigueur, ou en prison dans l'intérieur de l'hôtel, est portée chez le commandant de la compagnie.

Arrêts de rigueur et prison.

ART. 283.

Les arrêts peuvent être ordonnés de vive voix, ou par l'ordre, ou par un billet cacheté ; dans ce dernier cas, le billet est porté par l'adjudant-major, s'il s'agit d'un officier supérieur, et par l'adjudant, s'il s'agit d'un autre officier. Ils ne peuvent être signifiés verbalement à l'officier puni, que par un officier d'un grade supérieur ou plus ancien.

Comment sont ordonnées les punitions.

ART. 284.

Tout officier supérieur qui a ordonné les arrêts à un officier supérieur du même escadron, en rend compte sur-le-champ au premier lieutenant : celui-ci en instruit le lieutenant-commandant.

Si l'officier supérieur puni appartient à un autre escadron, l'officier supérieur qui a ordonné la punition, en rend compte directement au lieutenant-commandant, lequel en fait donner avis au premier lieutenant de l'escadron. Le lieutenant-commandant informe le capitaine des gardes de toute punition.

Compte rendu.

Z

ART. 285.

Décision du commandant de la compagnie.

Le commandant de la compagnie confirme, s'il y a lieu, les punitions infligées aux officiers; il peut les augmenter, en abréger la durée ou les faire cesser, selon qu'il le juge convenable. Dans ce dernier cas, il fait sentir, en particulier, à l'officier qui a puni, l'erreur ou l'abus d'autorité qu'il a commis, et le charge de lever lui-même la punition. Si elle a été confirmée, elle cesse sur la demande de celui qui l'a infligée.

ART. 286.

Levée des arrêts.

On fait cesser les arrêts en suivant les formalités dont on s'est servi pour les ordonner, mais toujours avec l'assentiment du commandant de la compagnie ou du détachement.

Tout officier doit, en sortant des arrêts ou de prison, se présenter chez celui par l'ordre duquel il a été puni, et le faire avec la décence convenable, sans quoi la punition lui sera ordonnée de nouveau.

ART. 287.

Fautes pendant les arrêts.

Si un officier aux arrêts commet quelque faute, tout officier supérieur peut augmenter la durée de la punition, en se renfermant dans les bornes prescrites par l'article 280; mais personne, si ce n'est le commandant de la compagnie, n'a le droit de changer les arrêts simples en arrêts de rigueur, ni ceux-ci en la prison.

ART. 288.

Lieutenant-major et autres officiers de l'état-major.

Le lieutenant-major peut être puni par le capitaine des gardes et par le lieutenant-commandant, ou par un lieutenant qui commanderait la compagnie et qui serait plus ancien. Si l'intendant militaire jugeait devoir provoquer directement, ou sur la demande du sous-intendant militaire, une punition à lui imposer, il la demanderait au capitaine des gardes, qui serait tenu de l'ordonner et de la faire subir. L'intendant militaire et le capitaine des gardes en rendraient compte au ministre compétent.

Les punitions à infliger à l'adjudant-major et au chirurgien-major, en ce qui concerne leur service, sont prononcées par le capitaine des gardes, le lieutenant-commandant ou l'officier supérieur qui commande la compagnie.

Pour le reste, elles le sont par tout supérieur en emploi, conformément aux principes de la subordination.

Pour les faits particuliers à l'administration, le trésorier et l'officier d'habillement peuvent être punis sur la demande de l'intendant ou sous-intendant militaire.

Il en est de même des chirurgiens-majors, en ce qui concerne leur service aux hôpitaux, quand ils y sont appelés.

Dans le cas où le capitaine des gardes jugerait indispensable, par des motifs graves, de provoquer la réforme d'un garde ou sa sortie du corps, il pourra provisoirement le suspendre de ses fonctions, sauf à en rendre compte immédiatement au ministre secrétaire d'état de la guerre, qui prendra les ordres du Roi, s'il y a lieu.

Punitions dans les Camps et Cantonnemens.

ART. 289.

Les punitions indiquées ci-dessus sont les mêmes pour les cantonnemens, et elles sont analogues pour les camps. Ainsi, les arrêts dans la chambre ont lieu dans la tente ou baraque; et la prison est celle du lieu ou du quartier général, ou la garde du camp.

RÉCLAMATIONS.

ART. 290.

Comme il peut arriver que des rapports inexacts, des informations mal prises, ou des motifs particuliers étrangers au service, dictent des punitions injustes ou trop sévères, les réclamations qui peuvent être portées sont admises de la manière suivante. *Réclamations par suite de punitions.*

Tout officier supérieur, inférieur ou garde, recevant l'ordre d'une punition, doit d'abord s'y soumettre; ensuite il peut adresser sa réclamation à l'officier immédiatement supérieur à celui qui l'a puni, pour qu'elle soit transmise de grade en grade jusqu'à l'autorité qui doit juger si elle est à admettre ou à rejeter. Cette autorité est, à l'égard des officiers inférieurs et gardes, le premier lieutenant de l'escadron; à l'égard des officiers supérieurs, le lieutenant-commandant ou le lieutenant-major, si c'est pour objet d'administration. Si la réclamation est admise, et si la punition doit être levée ou abrégée, le commandant de la compagnie prononce.

Cette marche hiérarchique pouvant apporter des retards dans l'effet des réclamations qu'on se croit fondé à présenter, tout militaire puni a encore la faculté de s'adresser directement au lieutenant qui commande l'escadron ou au lieutenant-major, si c'est pour objet d'administration; et dans les cas extraordinaires ou importans, au lieutenant-commandant, et même au capitaine des gardes.

Les réclamations relatives aux punitions de fautes commises pendant le service, doivent être adressées de préférence à l'adjudant ou à l'adjudant-major et aux officiers supérieurs de semaine.

En aucun cas, un homme dans l'état d'ivresse ne peut être entendu.

S'il est du devoir des officiers supérieurs et inférieurs d'écouter avec bonté les réclamations qui leur sont portées, et d'y faire droit, après en avoir reconnu la légitimité, ils doivent aussi prolonger du double la punition contre laquelle on aurait réclamé sans de justes motifs.

L'officier supérieur ou inférieur qui aurait puni mal-à-propos, est puni lui-même, suivant l'exigence du cas.

ART. 291.

Réclamations relatives à des effets d'habillement et autres.

Quand un officier inférieur ou garde croit avoir à se plaindre de la qualité d'un effet qui lui a été donné, soit à son compte, soit à celui du corps, il doit s'empresser de le présenter au lieutenant qui commande l'escadron dont il fait partie, pour se faire rendre justice, et au lieutenant-major, s'il y a lieu.

ART. 292.

On peut remettre ou adresser ses réclamations directement au capitaine des gardes.

Les officiers supérieurs, officiers inférieurs et gardes-du-corps peuvent aussi adresser ou remettre directement au capitaine des gardes les réclamations qu'ils auraient à former.

ART. 293.

Réclamations au ministre et aux intendans ou sous-intendans militaires.

Les officiers de tout grade qui composent les compagnies des gardes-du-corps, peuvent adresser des réclamations par écrit au ministre compétent, et aux intendans et sous-intendans militaires, pour ce qui concerne l'administration. Toutefois, ils ne peuvent s'adresser au ministre ni aux intendans ou sous-intendans militaires, qu'après avoir réclamé auprès du capitaine des gardes, à moins que la réclamation ne le concerne particulièrement. Si la plainte n'est pas fondée, celui qui l'a formée est puni sévèrement.

ASSIETTE DU LOGEMENT.
CASERNEMENT.

ART. 294.

Les officiers supérieurs, officiers inférieurs et gardes-du-corps, les maréchaux-vétérinaires, trompettes et ouvriers, reçoivent, autant que possible, dans les bâtimens militaires, le logement et les effets de casernement attribués à leurs grades respectifs dans l'armée.

Le lieutenant-major dirige l'assiette du logement et le casernement; le porte-étendard est chargé, sous ses ordres, d'en suivre tous les détails. Cet officier est secondé, s'il est nécessaire, par un officier inférieur ou un garde; l'adjudant doit veiller à l'exécution des ordres donnés à cet égard par le porte-étendard qui doit l'en prévenir.

Par qui les détails en sont suivis.

ART. 295.

En arrivant dans une garnison, le porte-étendard reçoit de l'adjudant-major, qui a devancé la troupe, les premiers renseignemens sur l'établissement de la compagnie; dès-lors, c'est à lui qu'il appartient de faire toutes les démarches et toutes les dispositions nécessaires pour l'effectuer.

Premières dispositions à l'arrivée dans une garnison.

ART. 296.

Soit que la compagnie, ou chacun de ses escadrons, occupe des hôtels ou des bâtimens séparés, soit qu'elle loge chez l'habitant, le logement doit toujours être assis selon l'ordre de bataille des escadrons, et, dans les escadrons, selon le rang des divisions, pelotons et escouades.

Dans les hôtels, les escaliers et corridors sont marqués des lettres ou numéros des escadrons; les chambres sont numérotées selon leur rang dans les corridors. Le fourrier place sur la porte de chaque chambre les noms de ceux qui l'occupent.

Logement des escadrons.

A a

ART. 297.

Tableau des logemens.

Dès que la compagnie est établie, le porte-étendard remet au commandant de la compagnie un état général des logemens, visé par le lieutenant-major, à qui il en donne le double. Cet état indique le logement particulier de chaque officier supérieur, celui de chaque escadron et de l'état-major. Il leur fait connaître successivement les changemens qui ont lieu.

ART. 298.

Procès-verbal de l'état des lieux.

C'est au porte-étendard, chargé du casernement, à constater avec le conservateur des bâtimens militaires, en présence de l'intendant ou sous-intendant militaire, ou du maire, et avant l'occupation, l'état du quartier que la compagnie doit occuper; le lieutenant-major en signe le procès-verbal, ainsi que lui.

ART. 299.

État, par escadron, des objets de casernement.

Le porte-étendard dresse ensuite, ou fait dresser par le fourrier de chaque escadron, l'état exact de toutes les fournitures et des meubles que chaque chambre contient. Cet état est vérifié et arrêté par le lieutenant qui commande l'escadron.

ART. 300.

Registre des bons de fournitures de casernement.

Il tient un registre sur lequel il inscrit tous les objets de casernement délivrés à chaque escadron et à l'état-major. Il reçoit les bons que donnent les lieutenans pour ce qui concerne les escadrons, fait lui-même un bon général pour l'état-major, et soumet les uns et les autres à l'approbation du lieutenant-major, qui vérifie et arrête le registre tous les trois mois.

ART. 301.

Échange des draps de lit.

Il a soin de faire changer les draps de lit aux époques fixées par les réglemens.

ART. 302.

Visite générale tous les mois.

Tous les mois, il fait une visite générale des fournitures de casernement; prescrit, sous l'autorisation du lieutenant-major, les réparations et remplacemens des objets détériorés ou perdus, et ce au compte de qui de droit.

ART. 303.

Il veille à ce que les cheminées soient nettoyées aussi fréquemment qu'il est nécessaire.

Nettoiement des cheminées.

ART. 304.

Il lui est défendu, ainsi qu'à l'adjudant-major et à l'adjudant,
de permettre que des chevaux étrangers soient placés dans les
écuries de la compagnie, sans l'autorisation du lieutenant-
major, qui en soumet la demande au capitaine des gardes.

Chevaux étrangers.

ART. 305.

Le jour du départ, dès le matin, le porte-étendard fait
rendre par les fourriers les fournitures de lits; les chambres,
corridors, escaliers et cours des hôtels, sont mis dans l'état où
ils doivent être rendus, sans quoi les frais qui en résultent sont
au compte des escadrons, de même que les dégradations du
fait de la troupe qui n'auraient pas encore été réparées. Ensuite le porte-étendard procède, de concert avec le préposé
au casernement, en présence de l'intendant ou sous-intendant
militaire, ou du maire, s'il y a lieu, à l'estimation des réparations tant à la charge de la compagnie qu'à celle du Gou-
vernement. Dès que la compagnie est assemblée, il fait la
remise de l'hôtel, s'il y a lieu. Si des contestations retardent
cette remise au-delà du moment du départ, le commandant
de la compagnie fait porter ce jour-là l'étendard par le plus
ancien maréchal-des-logis en chef.

Remise du caserne-
ment au départ de la
compagnie.

TABLES.

ART. 306.

Les officiers supérieurs vivent ensemble. Les officiers inférieurs vivent également ensemble. Les gardes font ordinaire
ensemble par escouade.

Il n'est pas permis aux officiers de manger isolément, si ce
n'est à ceux qui sont mariés et dont la famille est au corps.

Lorsque le petit nombre d'officiers présens aux étendards
ou à un détachement les engage à vivre tous ensemble, c'est
toujours sur les facultés du moins élevé d'emploi que se règlent
les dépenses.

Le lieutenant-commandant est responsable, envers le capitaine des gardes, de la frugalité des tables des officiers, de l'économie que l'on doit y mettre, du prix des pensions ou auberges, qui doit toujours être réglé en raison des facultés des moins aisés, et de l'exactitude des paiemens, qui doivent avoir lieu régulièrement tous les mois, afin de prévenir toute occasion de dérangement. Il règle, dans le même esprit d'économie, les abonnemens aux théâtres et autres dépenses générales.

DETTES.

ART. 307.

Surveillance du lieutenant commandant. Le lieutenant-commandant tient exactement la main à ce qu'aucun officier ne se livre à des dépenses qui le mettent dans le cas de contracter des dettes; il signale au capitaine des gardes ceux qui auraient l'habitude d'en faire, et il surveille particulièrement, sous ce rapport, la conduite de ceux qui ont le goût du jeu.

ART. 308.

Les officiers supérieurs doivent l'exemple. Les officiers supérieurs doivent donner, sur tous les objets de dépense habituelle, l'exemple de l'ordre et de l'économie, et l'exiger rigoureusement des subordonnés, leur conduite devant influer nécessairement sur celle des autres officiers, et préparer le bon esprit qui doit les diriger en toute circonstance.

ART. 309.

Retenues sur la solde. Les dettes des officiers, et de préférence celles qui ont pour objet leur subsistance, leur logement, leur habillement, ou d'autres fournitures relatives à leur état ou à leur service, peuvent être payées au moyen d'une retenue sur leurs appointemens, laquelle ne peut excéder le cinquième de leur solde proprement dite, non compris les indemnités de toute espèce et les gratifications d'entrée en campagne.

Ces retenues peuvent être ordonnées par le capitaine des gardes, jusqu'à parfait paiement, sur l'avis du lieutenant-commandant, et la représentation des titres et mémoires débattus, arrêtés de comptes ou billets constatant la légitimité des créances, en marge ou au dos desquels le lieutenant-commandant, après avoir entendu le débiteur, inscrit les termes et délais fixés pour le paiement. Les acquits sont remis pour comptant aux officiers par le trésorier. Les retenues ont lieu de plein droit, quand elles sont ordonnées par le ministre, ou requises en vertu d'oppositions ou saisies juridiques. Elles n'excluent, dans aucun cas, l'action des créanciers sur les autres biens meubles et immeubles de leurs débiteurs, suivant la règle et les formes établies par les lois.

En cas de refus de la part du débiteur de consentir à la retenue ordonnée, on se conformera aux dispositions de l'article 241 du réglement du 2 février 1818, et aux décisions du ministre secrétaire d'état de la guerre, des 28 avril et 12 juin de la même année.

ART. 310.

Poursuites judiciaires.

Les actions en recouvrement de créances sont du ressort des magistrats civils ; les officiers ni les juges militaires ne peuvent en prendre connaissance, si ce n'est à l'armée et hors du royaume. Ils ne peuvent non plus apporter aucun obstacle, soit à la poursuite, soit à l'exécution du jugement.

Les armes, chevaux, livres, instrumens d'étude, les effets d'habillement et d'équipement dont les réglemens prescrivent que les officiers soient pourvus, ne peuvent être saisis ni vendus au profit des créanciers.

ART. 311.

Démission en cas de non-paiement.

Tout officier qui, s'étant laissé poursuivre judiciairement pour dettes contractées par billets, lettres de change, obligations ou mémoires arrêtés par lui, aura été condamné par jugement définitif, ne pourra rester au service, si, dans le délai de deux mois, il ne satisfait pas à ses engagemens. Dans ce cas, le jugement porté contre lui équivaudra, après ce délai, à une démission précise de son emploi.

ROUTES DANS L'INTÉRIEUR.

Dispositions préliminaires.

ART. 312.

Promenades militaires.

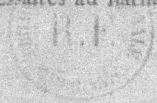

Pour disposer les chevaux à la route et reconnaître les réparations qu'elle rendrait nécessaires au harnachement, on fait,

B b

le sixième, le quatrième et le deuxième jour avant le départ, des promenades militaires avec armes et bagages, le porte-manteau contenant tous les effets dont on doit être muni conformément aux réglemens.

ART. 313.

L'adjudant-major part avant la compagnie.

Deux ou trois jours avant que la compagnie se mette en route, l'adjudant-major part pour faire dans chaque gîte les dispositions suivantes:

1.° Il se présente, à son arrivée, chez les officiers généraux employés, chez le lieutenant de roi, le sous-intendant militaire et le maire, et remet aux trois derniers une situation numérique conforme à celle établie sur la feuille de route.

2.° Il fait préparer le logement, de manière que tous les officiers supérieurs, inférieurs et gardes du même escadron, soient logés, autant que possible, dans la même rue ou le même quartier, et à portée de leurs chevaux.

3.° Il invite le maire de chaque endroit à ne délivrer des billets de logement que pour les habitans présens dans leur domicile.

4.° Il fait désigner, pour les chevaux des gardes de service, une écurie voisine, autant que faire se peut, du corps-de-garde de police.

5.° Il fait préparer les denrées nécessaires pour la consommation de la compagnie, et il passe, à cet effet, en présence de l'intendant ou du sous-intendant militaire et du maire, les marchés pour les fourrages, et, s'il y a lieu, pour la viande et le pain, en se conformant aux réglemens sur ces objets. Les marchés pour les subsistances doivent toujours exprimer que les distributions se feront par escouade, et, autant que possible, dans chaque cantonnement, si la compagnie est divisée.

6.° Il demande les voitures nécessaires pour le transport des équipages, et dont le nombre est fixé par les réglemens.

7.° Avant son départ de chaque gîte, il laisse à la mairie, pour le lieutenant-major, une lettre par laquelle il l'informe des mesures prises pour le logement, et à laquelle il joint les marchés passés pour les subsistances et fourrages.

Si quelque partie de la troupe doit être détachée en arrière ou sur les côtés du lieu d'étape, il prend les mesures nécessaires pour que le commandant de la compagnie en soit instruit au gîte précédent; il lui indique en même temps les points où

les détachemens doivent se séparer de la compagnie, et ceux
où ils peuvent rejoindre le lendemain.

Lorsque la compagnie doit faire séjour, il attend le trésorier
pour prendre connaissance des mutations survenues.

ART. 314.

L'ordre du jour de l'avant-veille du départ prescrit la tenue
pour la route, dès le moment du départ et jusqu'au lendemain
de l'arrivée à la destination ; les officiers sont libres, après leur
dîner, d'être en tenue du matin, et de vaquer ainsi à leurs devoirs, à moins qu'il n'en soit autrement ordonné à raison des
circonstances particulières, telles que passage dans une grande
ville, &c.

Tenue.

ART. 315.

Les armes qui ne sont pas distribuées sont remises au magasin, pour être placées dans les caisses d'armes.

Les effets qui ne doivent point entrer dans le porte-manteau,
et qu'on permet de conserver, sont réunis en un paquet par
escouade ; on en fait ensuite, par escadron, un ballot dans lequel
on renferme aussi les effets qui appartiennent à l'escadron en
général. Ce ballot est ficelé, étiqueté et mis au magasin, où il
en est pris note.

Objets à remettre au magasin de la compagnie ; contrôles et états pour la route.

Chaque maréchal-des-logis en chef remet chez l'officier
d'habillement, dans une caisse préparée à cet effet, ses livres et
papiers de comptabilité, de même que tous les livres de
théorie, le tout ficelé et étiqueté par escadron ; il ne conserve
qu'un cahier portatif, contenant les deux contrôles de l'escadron,
l'un par ancienneté, l'autre par rang de taille, selon la formation
des pelotons et escouades, et par camarades de chambre ; cahier
où il inscrit en outre les mouvemens, les distributions quel-
conques. Il a soin de préparer d'avance les états qui peuvent lui être demandés pendant la route, tels que feuilles
d'appel, &c.

Le fourrier chargé des hommes d'équipage remplira les
mêmes devoirs à leur égard, en observant qu'il doit avoir pré-
paré d'avance, et de plus, les feuilles de situation de la masse
d'habillement, linge et chaussure, si l'officier d'habillement ne
marche pas avec la compagnie.

ART. 316.

Les lieutenans qui commandent les escadrons, doivent s'as-

Soins des lieutenans pour la voiture.

surer eux-mêmes du bon état de la serrure, et faire remettre aux gardes, par les soins du maréchal-vétérinaire ou des maréchaux-ferrans, des fers forgés, à raison de deux par cheval, avec les clous nécessaires, et, autant que possible, pour les pieds dont les fers déjà anciens sont présumés devoir manquer plutôt.

Les gardes demeurent responsables de ce dépôt envers le maréchal-vétérinaire ou les maréchaux-ferrans de leur escadron, s'ils sont détachés.

Logement et Avant-garde.

ART. 317.

Composition et départ du logement. Le logement, composé de l'adjudant et des brigadiers-fourriers, ayant avec eux chacun un garde-du-corps, part avec la garde montante, deux heures avant la compagnie, c'est-à-dire, au boute-selle.

Le lieutenant de semaine part avec le logement, et le commande pendant la marche.

Le trésorier ou son suppléant part aussi avec le logement.

ART. 318.

Détails à son arrivée. Dès son arrivée, le trésorier se rend chez le lieutenant de Roi ou commandant de place, ou, à défaut, chez le maire, ainsi que chez l'intendant ou le sous-intendant militaire, afin de les prévenir de l'heure présumée de l'arrivée de la compagnie, &c. Il prend l'ordre pour les voitures que l'adjudant-major doit, à son passage, avoir demandées pour le lendemain.

De son côté, le lieutenant de semaine va reconnaître les denrées et le lieu des distributions. S'il ne trouve pas les qualités conformes aux marchés, et les poids et mesures justes, il en avertit le commandant de la place, ou, à son défaut, le maire, ainsi que l'intendant ou sous-intendant militaire, s'il y en a, afin qu'il soit fait droit à ses réclamations assez promptement pour éviter tout retard dans les distributions.

Quand le lieutenant-major est présent, il marche avec le logement ou il le précède immédiatement ; il dirige, supérieurement avec les officiers qui en sont chargés, les détails du logement et des subsistances ; il fait personnellement toutes les démarches que le bien du service peut rendre nécessaires.

ART. 319.

L'adjudant, après s'être assuré à l'hôtel-de-ville que le logement est fait conformément aux principes établis en l'art. 313,
en forme un état général et sommaire qu'il doit remettre au
lieutenant-major, et distribue ensuite les billets aux fourriers,
à l'exception de ceux de l'état-major, avec l'attention de conserver l'ordre de bataille des escadrons.

Il va visiter les logemens destinés au capitaine des gardes
et au lieutenant-commandant.

Il reconnaît le corps-de-garde de police et l'écurie la plus
voisine, pour y loger les chevaux des gardes composant le
poste de police; il installe la garde et fait poser dans le logis
du commandant de la compagnie, avec la consigne nécessaire, une sentinelle pour la garde des étendards. Il reconnaît
ensuite les abreuvoirs et les endroits les plus convenables pour
les divers rassemblemens de la compagnie.

Les billets des gardes placés aux équipages, que les fourriers
ont dû remettre à l'adjudant, sont donnés par lui au commandant de la garde de police, qui est chargé de les distribuer.

Enfin, il envoie au-devant des équipages un garde du poste
de police, pour les guider au lieu où il doivent se rendre, lieu
qu'il a préalablement reconnu ou fait reconnaître par le maréchal-des-logis ou le brigadier de garde. Cela fait, il va lui-même
au-devant de la compagnie, pour la conduire sur la place,
transmettre les ordres du lieutenant de roi, et les instructions
de l'intendant ou sous-intendant militaire, pour la revue d'arrivée et pour les distributions. Il remet aux officiers de l'état-
major leurs billets, et conduit l'étendard chez le commandant
de la compagnie.

L'indication du logement des officiers de l'état-major, du
chirurgien, de l'adjudant et du maréchal-vétérinaire, doit être
remise, par ses soins, au commandant de la garde de police.

Les logemens des hommes d'équipage seront marqués, autant que possible, à portée des escadrons, pelotons et escouades
auxquels ils sont attachés.

ART. 320.

Aussitôt que les fourriers ont reçu les billets de logement
pour leur escadron, ils vont visiter les logemens destinés à
leurs officiers, et vérifier si les écuries peuvent contenir le

nombre de chevaux de troupe marqué sur les billets; ils en désignent une pour les chevaux éclopés; ils logent tous les gardes
le plus près possible de leurs chevaux, et un trompette dans la
même maison que le maréchal-des-logis en chef, ou très-près
de lui.

Ils inscrivent au dos des billets les noms des gardes auxquels
ils sont destinés, ayant soin de réserver à des gardes d'une
même escouade les billets qui porteraient plus de deux places.
A cet effet, ils doivent avoir, outre le contrôle général de
l'escadron, un contrôle par escouade et par camarade de
chambre.

Ils inscrivent sur un cahier qu'ils ont toujours avec eux, les
logemens des officiers et celui de l'escadron, l'indication des
écuries et le nombre de chevaux que chacune doit contenir, et
ils remettent au corps-de garde de police l'indication des logemens du lieutenant qui commande l'escadron et du maréchal-
des-logis en chef.

Ils dressent un état général du logement, qui reste entre les
mains du maréchal-des-logis en chef, et que celui-ci communique au lieutenant qui commande l'escadron. Ils en établissent
un sommaire pour l'officier de chaque peloton, portant indication de la rue, des maisons, ainsi que celle du logement des
deux lieutenans et du maréchal-des-logis en chef; ces états sont
tracés et les noms y sont inscrits avant le départ et pendant
les séjours, de manière qu'on n'ait plus à y ajouter que les indi-
cations locales. Ils se rendent ensuite sur la place d'armes, pour y
attendre leur escadron et le conduire au logement, ainsi qu'il
est dit à l'article 336.

Ils emploient, pour reconnaître les grandes écuries et y conduire les pelotons et escouades qui doivent les occuper, les
gardes arrivés avec le logement, et des hommes d'équipage.

Hommes à pied. — Chevaux éclopés.

ART. 321.

Les gardes démontés et les chevaux éclopés, menés par des
hommes d'équipage conduits au rendez-vous par les maréchaux-
des-logis et brigadiers de semaine, à tour de rôle, partent en
même temps que le logement, sous la conduite du maréchal-
des-logis désigné à cet effet, et se rendent sur la place publique
où les fourriers doivent leur distribuer les logemens. Si, avant

d'entrer dans la ville, ils sont rejoints par la compagnie, ils marchent à la suite.

Lorsqu'il doit y avoir une revue d'arrivée, ils attendent sur la place l'arrivée de la compagnie.

Le piqueur marche avec les chevaux éclopés, qui, en arrivant au gîte, sont placés dans une écurie désignée d'avance par l'adjudant.

Les hommes d'équipage qui les pansent, sont logés dans les maisons qui fournissent les écuries, ou du moins, et seulement à défaut d'emplacement, le plus près possible.

Rassemblement et Dispositions pour le Départ.

ART. 322.

Deux heures et demie ou trois heures avant le départ, on sonne le réveil : à ce signal, on donne à déjeûner aux chevaux. Une demi-heure après, on sonne le boute-selle : à ce signal, on fait le pansage et on selle ensuite les chevaux.

Rassemblement de la compagnie.

Une heure et demie après le boute-selle, on sonne le boute-charge : à ce signal, on charge les chevaux.

Enfin, une demi-heure avant le départ, on sonne à cheval : à ce dernier signal, on bride.

On se réunit d'abord par écurie ou par escouade, lorsque les chevaux sont dispersés, et à l'endroit où, la veille, les escouades ont mis pied à terre et se sont divisées.

Les plotons ou escouades, selon qu'ils sont d'abord réunis, sont amenés par leurs chefs au rassemblement de l'escadron.

Le maréchal-des-logis en chef réunit l'escadron, fait l'appel, et, s'il manque quelqu'un, envoie de suite un officier inférieur au logement de l'absent : si on ne le trouve pas, il remet son nom au commmandant de l'arrière-garde.

A mesure que les escouades arrivent, les officiers de peloton et le second lieutenant font rapidement leur inspection, qui porte principalement sur la manière dont les chevaux sont sellés, bridés et chargés. Le premier lieutenant et le lieutenant-commandant font la leur, lorsqu'on s'est mis en marche, en se portant successivement à la hauteur de chaque file.

ART. 323.

La compagnie étant rassemblée, l'adjudant reçoit des maréchaux-des-logis en chef les rapports des escadrons, et les rend

Rapports.

au lieutenant-commandant, qui fait le sien au capitaine des gardes.

ART. 324.

Étendards. Inspection du commandant de la compagnie.

Pendant que la division de droite va chercher l'étendard, le commandant de la compagnie en passe l'inspection, si cela ne retarde pas le départ; autrement il la fait pendant la marche. Quand la journée doit être forte, l'escadron qui doit prendre l'étendard peut se rassembler devant le logement du commandant de la compagnie, pour le conduire en venant au rendez-vous général.

ART. 325.

Chevaux de main.

Les chevaux de main des officiers supérieurs et ceux des escadrons sont conduits au rendez-vous général par les officiers inférieurs de semaine. L'adjudant est toujours chargé de les réunir et de les remettre à l'officier nommé pour les conduire. Celui-ci observe, dans sa marche à la suite de la compagnie, le même ordre que les escadrons.

Dans les marches de nuit, les chevaux de main sont placés à la queue de leurs escadrons, sous la surveillance d'un officier inférieur désigné par le premier lieutenant.

ART. 326.

Arrière-garde.

L'arrière-garde se compose, en tout ou en partie, de la garde descendante; elle fournit les gardes qui doivent former celles des équipages. Elle est commandée par un officier supérieur ou inférieur, selon qu'il est ordonné.

Ce commandant fait arrêter tous les individus appartenant à la compagnie qu'il rencontrerait sans permission valable, et spécialement tous ceux qui lui auraient été désignés pour avoir manqué aux appels. Dans cette vue, il fait ou fait faire une ou plusieurs patrouilles qui visitent avec diligence les divers quartiers de la ville, et particulièrement les logemens ou lieux publics dans lesquels ces militaires peuvent s'être arrêtés.

Avant de se mettre en route, il prend à la mairie le certificat de bien vivre.

L'arrière-garde prend sous son escorte les prisonniers qui lui ont été laissés au corps-de-garde de police, et ceux qui auraient été déposés dans les prisons du lieu. Elle les conduit, ainsi que les hommes à pied attachés à la compagnie qui lui

sont consignés et ceux qu'elle aurait arrêtés, et ne laisse personne derrière elle.

Quand les circonstances le rendent nécessaire, le commandant de la compagnie peut, outre l'arrière-garde, employer
un officier inférieur par escadron, sous le commandement de
l'officier d'arrière-garde, pour concourir à empêcher que personne en état de marcher ne reste en arrière.

Départ et Marche.

ART. 327.

Les escadrons tiennent alternativement la tête de la colonne.

La marche de nuit étant trop fatigante pour les hommes
et les chevaux, la compagnie ne se met pas ordinairement en
route avant le jour; et lorsque le trajet doit être court, elle
part plus tard, pour laisser plus de repos aux cavaliers et aux
chevaux.

*Tête de colonne,
heure de départ.*

ART. 328.

L'escadron qui tient la tête de la colonne fournit un brigadier et quatre gardes-du-corps pour petite avant-garde; deux
des gardes marchent les premiers à quinze pas en avant du
brigadier, qui, suivi des deux autres, marche à cinquante pas
en avant des trompettes.

Cette petite avant-garde ne doit laisser passer en avant
aucun officier inférieur ou garde, à moins que ce ne soit par
ordre supérieur.

Petite avant-garde.

ART. 329.

Les trompettes marchent réunis à la tête de la compagnie,
excepté celui qui est de garde, et qui suit le commandant de
la compagnie. Ils sonnent toutes les fois que la compagnie
passe dans une ville et dans un bourg ou village.

Dans les marches de nuit, il y en a toujours un à chaque
escadron, dans le but de sonner des appels qui sont répétés
jusqu'à la tête de la compagnie, si l'obscurité ou la difficulté
du chemin arrête la marche. Il est en outre détaché un officier
pour instruire le commandant de la colonne du sujet du
retard. Dès qu'on peut se remettre en route, on sonne des
couplets de marche, qui sont répétés jusqu'à la tête.

*Place et service des
trompettes.*

ART. 330.

Départ.

Au commandement *par deux*, la troupe se met en marche en bon ordre, le sabre à la main ; les trompettes sonnent la marche et des fanfares. Lorsque la troupe est hors du lieu où elle a couché, les trompettes cessent ; on fait remettre le sabre et on commande ensuite *repos*.

ART. 331.

Allure pendant la marche.

On doit faire la route au pas : si les circonstances exigent qu'on en fasse quelques parties au *trot*, cette allure ne doit pas continuer long-temps. On évite sur-tout de trotter en montant ou en descendant, et chaque escadron soutient son allure, sans chercher à maintenir ou à regagner sa distance, qui se reprend naturellement et sans à-coup.

C'est aux lieutenans, qui doivent marcher habituellement au centre et sur le flanc des escadrons qu'ils commandent, à faire observer avec soin ces dispositions.

Pendant la marche, les officiers supérieurs et inférieurs veillent à ce que les gardes soient tranquilles et d'aplomb sur leurs chevaux, et à ce qu'ils ne sortent pas du rang sans ordre ou sans permission.

ART. 332.

Haltes.

Lorsque la compagnie doit s'arrêter, la tête ralentit son allure pour rétablir les intervalles, afin qu'au commandement de *halte*, chaque escadron s'arrête sur le terrain qu'il doit occuper. Un demi-appel annonce que l'on va mettre pied à terre ; alors un rang appuie à droite et l'autre à gauche pour avoir plus de facilité à le faire ; au second demi-appel, on met pied à terre ensemble.

La première halte doit avoir lieu trois-quarts d'heure après le départ ; les autres, d'heure en heure, et toujours à quelque distance des villages ou habitations, pour ôter aux gardes l'occasion et les prétextes de s'écarter.

La grande halte se fait à moitié chemin : elle doit être un peu plus longue que les autres, mais rarement dépasser une demi-heure.

La dernière se fait à un quart de lieue du nouveau gîte.

Lorsque, dans certaines haltes, le commandant de la compagnie juge nécessaire de donner une sentinelle ou une garde spéciale à l'étendard, elle est fournie par l'escadron avec lequel l'étendard se trouve.

A chaque halte, et particulièrement à la première, les officiers supérieurs et inférieurs s'assurent que les gardes replacent les couvertures, ressanglent les chevaux et replacent les charges dérangées; à la dernière, on rétablit la tenue.

La sonnerie indique le moment de remonter à cheval, ce qui doit s'exécuter par tout le monde en même temps. Les lieutenans veillent à ce que chacun reprenne son rang avec tranquillité. Un couplet de la marche annonce le départ.

Si la compagnie arrivait dans un lieu où il y eût garnison, ou dans une ville un peu considérable, les housses seraient détroussées : l'ordre en serait donné et exécuté à la dernière halte.

ART. 333.

Quand un garde desire s'arrêter, il doit laisser son cheval au garde qui marche à côté de lui; mais cela ne doit arriver que rarement, les haltes étant assez fréquentes pour que tout le monde ait le loisir de satisfaire à ses besoins ; cependant si le garde était vieux ou indisposé, on devra lui laisser son cheval.

Chevaux des gardes qui s'arrêtent.

ART. 334.

Si la compagnie, étant en marche, est rencontrée par le Roi, un prince de la famille royale ou du sang, elle s'arrête, met le sabre à la main, et se forme en bataille. Les étendards et les officiers supérieurs saluent, les trompettes sonnent la marche.

Honneurs rendus ; rencontre d'une autre troupe.

Pour toute personne à qui les compagnies des gardes doivent rendre des honneurs, si la compagnie ne reçoit pas l'ordre de se mettre en bataille, elle rectifie, sans s'arrêter, l'alignement de ses rangs, observe le bon ordre et le silence.

Quand deux troupes se rencontrent, chacune appuie à droite; toutes deux peuvent continuer à marcher, si le terrain le permet ; dans le cas contraire, les gardes-du-corps du Roi, ayant le pas sur toutes les autres troupes, continuent à marcher, et l'autre s'arrête.

Jusqu'à ce que les deux troupes se soient dépassées, les tambours *battent*, les trompettes *sonnent*, et les gardes s'alignent dans leurs rangs. Tous les officiers supérieurs et inférieurs ont attention qu'il ne soit tenu aucun propos qui puisse offenser l'autre troupe.

Lorsque la compagnie traverse une ville importante, ou tout autre lieu ayant garnison ou des gardes sous les armes, elle met le sabre à la main.

Arrivée au Gite.

ART. 335.

Ordre à donner au cercle. Étendard.

Lorsque la revue d'arrivée, où tout doit paraître, est passée dans les places où elle doit avoir lieu, et que les bans et défenses ont été publiés, on sonne à l'ordre. Le cercle se compose du capitaine des gardes, du lieutenant-commandant, du lieutenant major, du lieutenant de semaine, de l'adjudant-major, du chirurgien-major, de l'adjudant, des maréchaux-des-logis en chef, du trompette-major et du maréchal-vétérinaire.

On donne l'ordre pour les distributions, pour la tenue, les visites de corps, pour le pansage général, le pansement des chevaux blessés, pour l'inspection, s'il y a séjour; enfin on indique le lieu de rassemblement et l'heure du départ.

L'ordre donné, le commandant de la compagnie fait conduire l'étendard à son logis, en la manière accoutumée; il fait ensuite rompre la compagnie par deux et par escadron.

ART. 336.

Ordre dans lequel chaque escadron se rend au logement.

Le brigadier-fourrier, marchant à la tête, conduit l'escadron devant le logement du lieutenant qui commande l'escadron ou au centre du quartier qu'il doit occuper. Ce lieutenant le met en bataille; et après que le maréchal-des-logis en chef a donné l'ordre, commande le service, et que les billets de logement ont été distribués, le premier ou le second lieutenant fait mettre pied à terre en règle et défiler. Chaque garde conduit son cheval à l'écurie qui lui est désignée. On ne fait pas mettre pied à terre aux escouades dont les écuries sont trop éloignées.

Le fourrier remet au corps-de-garde de police les billets des hommes qui ne seraient pas arrivés avec la compagnie.

ART. 337.

Premiers soins aux écuries.

Dès que les chevaux sont entrés dans les écuries, on les débride, on les attache assez court au râtelier pour qu'ils ne puissent se rouler; on les décharge, on déboucle le poitrail,

on lâche un peu les sangles, on dégage la croupière, et on roule
les courroies de charge et les lanières.

Les armes, manteaux et porte-manteaux, sont portés au logement.

ART. 338.

Quand les chevaux sont placés et déchargés, les officiers de
peloton, ainsi que les officiers inférieurs et gardes, vont à leurs
logemens.

*Moment où l'on se
rend au logement.*

ART. 339.

Tout officier supérieur ou inférieur qui rencontre un garde
à cheval quand les escadrons ont mis pied à terre, doit en
rendre compte au premier lieutenant de l'escadron dont le garde
fait partie, afin qu'il soit puni.

*Défense aux gardes de
chercher leur logement
à cheval.*

ART. 340.

Le trompette de garde est toujours sous les ordres immédiats de l'officier inférieur de garde et de l'adjudant, qui le
dirigent pour les sonneries. Il en est commandé plusieurs dans
les grandes villes.

Trompette de garde.

Distributions.

ART. 341.

Une heure après l'arrivée de la compagnie, on sonne la bre-
loque ou les distributions : à ce signal, les maréchaux-des-logis
et brigadiers de semaine rassemblent leurs escadrons à l'endroit
où ils ont mis pied à terre, désignent par la gauche les gardes
destinés à conduire les corvées, et les conduisent au rendez-
vous indiqué pour les distributions ; les fourriers rassemblent
les hommes d'équipage.

Le lieutenant de semaine prend alors le commandement,
divise les hommes d'équipage par nature de distributions, répartit aux corvées les officiers inférieurs et gardes qui ont été
commandés à cet effet, et agit en tout d'une manière analogue
à ce qui est prescrit au titre *Lieutenant de semaine.*

*Rassemblement pour
les corvées, &c.*

ART. 342.

Les bons de viande et de pain, quand il y a lieu d'en distribuer, expriment ce qui revient à chaque escouade ; et la distribution se fait en conséquence à chacune.

Viande et pain.

E e

ART. 343.

Les distributions finies, le lieutenant de semaine va en rendre compte au lieutenant-major, celui-ci au commandant de la compagnie.

Le trésorier paie les fournisseurs suivant les marchés passés par l'adjudant-major qui a précédé la compagnie, après qu'ils ont été visés par le lieutenant-major; et il en retire les reçus nécessaires.

A l'arrivée à la destination, il remet à chaque commandant d'escadron le bordereau des distributions faites à son escadron pendant la route.

ART. 344.

De retour aux écuries, les hommes d'équipage donnent à manger aux chevaux, sous la surveillance des fourriers chargés de la police des écuries; ils ne les laissent desseller que lorsqu'ils n'ont plus chaud, et aussitôt après ils les font bien bouchonner et attacher à la mangeoire.

Si le temps le permet, les selles et les couvertures sont exposées au soleil ou à l'air; mais dans tous les cas, les fourriers empêchent qu'elles ne soient placées en des endroits humides et que les panneaux ne soient contre la terre.

Pansage.

ART. 345.

A l'heure indiquée, le trompette de service annonce le pansage. Cette sonnerie doit être répétée par tous les trompettes au centre du quartier qu'occupent leurs escadrons, afin que le pansage se fasse par-tout en même temps. On doit faire plus souvent usage du bouchon que de l'étrille, sur-tout sur le dos du cheval, cette partie étant, en route, plus sensible à cause de la sueur occasionnée par la selle et la charge.

ART. 346.

Le pansage en route est tellement important, qu'il exige la surveillance particulière des officiers supérieurs et inférieurs de peloton. Les gardes assisteront au pansage de leurs chevaux. Si des escouades sont trop éloignées des autres, les officiers supérieurs et inférieurs partagent entre eux cette surveillance.

Les uns et les autres ne doivent se retirer que lorsque les chevaux ont mangé l'avoine et qu'on leur a donné du foin à défaut de paille.

Les commandans des escadrons doivent profiter du moment du pansage pour voir les chevaux de troupe ; et s'ils étaient trop dispersés, ils doivent leur assigner un point de réunion.

ART. 347.

Quand il y a des abreuvoirs commodes pour passer les chevaux à l'eau, et que la saison est favorable, les officiers supérieurs et inférieurs doivent les y faire conduire en règle, ayant soin de s'informer s'il existe des endroits périlleux, afin de les signaler et de les faire éviter.

Abreuvoir.

ART. 348.

Quand il y a plus de douze chevaux réunis, on désigne un garde pour surveiller les hommes d'équipage gardes d'écurie.

Garde d'écurie.

Ordinaires et Logemens.

ART. 349.

Les ordinaires se font dans les logemens des brigadiers ou des anciens gardes désignés pour être chefs d'ordinaires en route ; ils demeurent responsables de la tranquillité et du respect qu'on doit aux habitans et à leurs propriétés. Ils doivent acheter, à l'exception du bois, tout ce qui est nécessaire. Les hôtes ne sont obligés de fournir, pour l'ordinaire, que la place au feu, les pots, plats, assiettes et autres ustensiles de cuisine et de table, le linge, ainsi que le bois, s'il n'en a pas été distribué. Non-seulement dans les ordinaires, mais encore dans les logemens, les gardes ne doivent rien exiger ; et quand même leurs hôtes leur refuseraient ce qui leur est légitimement dû, comme draps blancs, &c., ils doivent s'abstenir de tous mauvais procédés ou voies de fait, et attendre la visite des officiers supérieurs et inférieurs de peloton, ou aller les avertir sur-le-champ.

Les hôtes doivent, avec ce qui est détaillé ci-dessus pour l'ordinaire, le coucher tel que le prescrit l'ordonnance ; mais ils ne peuvent être déplacés du lit ni de la chambre qu'ils occupent habituellement.

Officiers supérieurs et inférieurs de peloton.

ART. 350.

Service de semaine.

En route, le service de semaine des officiers supérieurs se borne à l'appel du soir et aux distributions : chaque officier est chargé de tous les autres détails pour son peloton, duquel il doit toujours avoir avec lui l'état nominatif.

Les maréchaux-des-logis et brigadiers continuent le service de semaine en entier, sans que cela doive les dispenser de prendre plus de part qu'en garnison aux détails dont ils sont chargés.

ART. 351.

Visites dans les logemens.

Tous les jours, avant le pansage, les officiers supérieurs et inférieurs parcourent, autant que possible, chacun une partie des logemens de leur peloton, et visitent plus particulièrement celui du brigadier ou du garde où se fait l'ordinaire, afin de recevoir les réclamations, de les porter eux-mêmes au maire de la ville, si elles sont fondées, et de faire droit aux justes plaintes que les hôtes auraient à porter.

ART. 352.

Propreté et entretien des effets.

Les officiers supérieurs et inférieurs s'assurent que chaque jour les gardes s'occupent de la propreté de leurs armes, de la propreté et de l'entretien de leurs effets et de l'équipage du cheval, et qu'ils les font réparer au besoin.

ART. 353.

Pansage, chevaux blessés, selleries.

Le second lieutenant de l'escadron et les officiers de peloton ne peuvent se dispenser d'être présens au pansage ; ils le surveillent en tous les points, ainsi qu'il a été dit aux articles 345, 346 et 347. Ils visitent tous les chevaux, font conduire au pansement ceux qui sont blessés, désignent ceux qui ne doivent pas être montés le lendemain, voient la sellerie et en ordonnent les réparations.

Pansement des Chevaux malades.

ART. 354.

Lieu où il est fait par le vétérinaire.

Le pansement des chevaux malades ou blessés se fait

devant le corps-de-garde de police. Le maréchal-vétérinaire s'y rend tous les jours à l'heure indiquée pour cet effet.

ART. 355.

L'officier chargé de l'infirmerie s'y trouve pour surveiller les opérations du maréchal-vétérinaire.

Présence de l'officier chargé de l'infirmerie.

ART. 356.

Le maître sellier doit aussi assister au pansement, afin d'aviser aux moyens de faciliter la guérison des chevaux blessés, par les réparations qui seraient nécessaires à leurs selles.

Examen des selles par le maître sellier.

ART. 357.

Tous les chevaux éclopés y sont conduits par les hommes d'équipages, sous la surveillance du maréchal-des-logis de semaine, qui est chargé d'informer le lieutenant qui commande l'escadron, des décisions du maréchal-vétérinaire.

Chevaux conduits au pansement.

ART. 358.

Le maréchal-vétérinaire, après en avoir prévenu les maréchaux-des-logis de semaine, rend compte au lieutenant de semaine des chevaux dont la charge ou même la selle doit être mise aux équipages, de ceux qui doivent être du nombre des chevaux de main, de ceux enfin hors d'état de suivre la compagnie.

Compte rendu par le maréchal-vétérinaire.

S'il trouve des chevaux douteux, il en prévient sur-le-champ, afin qu'on fasse loger ensemble les hommes d'équipage qui les pansent, et que ces chevaux soient séparés des autres au gîte et pendant la route.

Il doit avoir un contrôle exact de tous les chevaux malades ou blessés des escadrons, pour s'assurer que tous soient pansés.

ART. 359.

Le lieutenant de semaine assiste, autant qu'il se peut, aux pansemens; il rend compte du rapport que lui a fait le maréchal-vétérinaire au lieutenant-commandant, et celui-ci au capitaine des gardes.

Compte rendu par le lieutenant de semaine.

F f

Séjours.

ART. 360.

Soins pendant le séjour, Inspections.

Dès l'arrivée au logement où l'on doit séjourner, les officiers supérieurs et inférieurs veillent à ce que toutes les parties de l'habillement, de l'équipement, de l'armement et du harnachement, soient complétement réparées et mises en bon état.

L'inspection du séjour se passe le soir, habituellement à pied et en tenue de route. Elle tient lieu d'appel, à moins qu'il n'en soit autrement ordonné.

Quand on passe l'inspection à cheval, les gardes démontés, ceux dont les chevaux sont éclopés, et ceux dont les selles seraient en réparation, sont placés à la gauche ou en arrière de leurs escadrons respectifs.

L'assemblée par escadron et l'assemblée générale pour l'inspection se font comme pour le départ.

ART. 361.

Revue générale des chevaux.

Le même jour, il y a une revue générale des chevaux par le maréchal-vétérinaire, en présence du lieutenant de semaine, des officiers supérieurs et des officiers inférieurs des escadrons.

Appels et Retraite.

ART. 362.

Appels.

Les jours de marche, à l'heure qui a été indiquée pour l'appel du soir, s'il doit y en avoir, le trompette de police en donne le signal, qui est répété de quartier en quartier par les trompettes des escadrons; à cette sonnerie, les officiers inférieurs et gardes de chaque escadron se réunissent au centre du quartier qu'il occupe, au lieu où il a rompu. Le maréchal-des-logis en chef en fait l'appel en présence de l'officier de semaine. Le billet d'appel, signé de cet officier, est porté par le maréchal-des-logis en chef à l'adjudant, qui le remet à l'adjudant-major.

Le lieutenant de semaine, l'adjudant-major, l'adjudant, les maréchaux-des-logis en chef et le trompette-major ont dû se trouver devant le corps-de-garde de police une heure avant celle de l'appel, afin de recevoir les ordres pour le lendemain.

Le lieutenant-commandant les donne personnellement ou les adresse au lieutenant de semaine; les officiers de l'état-major de la compagnie en sont informés par l'adjudant; les lieutenans et les escadrons, par les maréchaux-des-logis chefs; et les sous-lieutenans, par les maréchaux-des-logis.

Lorsque les localités rendent facile la réunion générale pour l'appel, elle est ordonnée par le commandant de la compagnie; alors les officiers inférieurs et gardes, et les officiers supérieurs de semaine, se rendent sur la place indiquée; l'appel se fait et l'ordre est donné en la forme accoutumée.

Si un garde se trouvait absent pour cause d'indisposition, un brigadier irait de suite à son logement pour s'assurer de son état, et reviendrait promptement en rendre compte à l'officier de semaine.

ART. 363.

Retraite.

Tous les soirs, à l'heure indiquée, le trompette-major et tous les trompettes se trouvent devant l'étendard pour y sonner la retraite; ils parcourent, en la sonnant ensemble, tous les lieux indiqués par l'adjudant-major ou l'adjudant; ensuite ils se séparent par escadron, selon qu'il y a lieu, pour la sonner dans le quartier qu'occupe l'escadron. Le trompette qui est de service la sonne devant la garde de police.

ART. 364.

Patrouilles après la retraite.

Le commandant de la garde de police fait faire, à l'heure ordonnée, des patrouilles pour faire rentrer à leur logis les gardes, trompettes et hommes d'équipage que l'on trouverait dans les rues, et conduire au corps-de-garde ceux qui seraient pris de vin ou qui feraient du bruit.

Le lendemain, au réveil, il renvoie à leurs escadrons ceux qu'il juge n'avoir pas mérité une plus longue punition, et en rend compte à l'adjudant lorsqu'il vient au corps-de-garde de police pour savoir ce qui s'est passé pendant la nuit; quant à ceux qui auraient mérité une plus longue punition, il attend les ordres du lieutenant-commandant.

Équipages.

ART. 365.

Aux ordres de qui ils sont.

Les équipages sont aux ordres exclusifs d'un officier supérieur, inférieur ou garde, nommé par le commandant de la compagnie, qui en charge, autant que possible, l'officier d'habillement ou son adjoint. Cet officier a à sa disposition le chef des hommes d'équipage, qui fera les fonctions de vaguemestre, et un sous-chef d'équipage désigné pour toute la route.

ART. 366.

Domestiques et vivandiers.

Les domestiques des officiers supérieurs et les vivandiers qui marchent avec les équipages, doivent obéir à l'officier chargé de leur conduite.

ART. 367.

Bagages préparés, numérotés et enregistrés.

Les porte-manteaux doivent être solidement fermés, et porter, d'une manière lisible et durable, le nom de ceux auxquels ils appartiennent.

Les selles doivent aussi être étiquetées, et les courroies et étrivières arrangées de manière à ne point se perdre.

Les armes ne doivent être placées sur les équipages que lorsqu'il y a impossibilité de les faire porter par les gardes.

Les bagages doivent être pesés, numérotés et enregistrés.

ART. 368.

Porte-manteaux.

Les porte-manteaux des officiers supérieurs doivent être liés ensemble par escadron. Le chef des hommes d'équipage et le sous-chef alternent pour les leur remettre, chaque jour une heure après l'arrivée des équipages, et pour les recevoir dans l'heure qui suit la retraite.

Il n'est reçu ni porte-manteaux, ni selles, sans un billet du lieutenant qui commande l'escadron.

ART. 369.

Malades placés aux voitures.

Aucun officier inférieur ou grade n'a le droit de monter sur les équipages, s'il n'est porteur d'un certificat du chirurgien-major.

On place sur les voitures les gardes-du-corps malades et hors d'état de faire route à pied.

A l'arrivée des équipages, les malades, les convalescens, les éclopés, sont visités et pansés, si besoin est, au corps-de-garde de police, ou, s'il se peut, dans une des salles de la mairie, par le chirurgien-major.

[117]

ART. 370.

La partie de la garde de police descendante qu'on a jugé à propos d'y attacher, forme la garde des équipages, auxquels restent les maîtres ouvriers et ouvriers nécessaires pour le chargement.

Garde et chargement des équipages.

Dès que les voitures sont arrivées, elles sont, ainsi que les équipages, sous la surveillance et la responsabilité de la garde de police.

ART. 371.

L'officier des équipages fait toujours en sorte de partir assez matin pour arriver en même temps que la compagnie, ou peu après. A cet effet, il prend toutes les mesures nécessaires pour que les voitures puissent être chargées la veille. Il envoie le vaguemestre recevoir du trésorier l'ordre que cet officier a dû prendre à son arrivée ; muni de cet ordre, le vaguemestre se rend chez le préposé, et s'entend avec lui pour les faire amener.

Voitures chargées de la veille.

La voiture qui doit être chargée et marcher la première, est toujours celle qui porte la caisse et les archives de la compagnie.

ART. 372.

Pendant la route, le commandant de la garde des équipages ne permet à aucun garde-du-corps de cette garde de s'éloigner, sous quelque prétexte que ce soit.

Gardes-du-corps de la garde des équipages ; leurs billets de logement.

A leur arrivée au gîte, il ne laisse remettre les billets de logement que lorsque les voitures sont déchargées, et les équipages déposés dans l'endroit à ce destiné.

ART. 373.

Aucun cheval, sous quelque prétexte que ce soit, ne peut être attaché aux voitures d'équipages.

Défense d'attacher des chevaux aux voitures.

Punitions.

ART. 374.

Les officiers de tout grade aux arrêts simples marchent à leur rang. Les officiers supérieurs et inférieurs d'état-major aux arrêts de rigueur ou en prison, marchent, sans armes, à

Place, en marche, des officiers supérieurs, inférieurs, et gardes punis.

G g

la queue du premier escadron ; les autres officiers de tout grade, également sans armes, à la queue de leur escadron. Tous reprennent leur punition à l'arrivée au logement.

Dispositions générales.

ART. 375.

Les escadrons et détachemens logés dans les communes voisines du gîte principal de la compagnie, doivent y établir, pour la police de la troupe, un poste de surveillance, dont le commandant se conforme à tout ce qui est prescrit par l'article 364. Le service s'y fait d'ailleurs comme il vient d'être réglé.

Les commandans des gardes extérieures, lorsqu'il y en a d'établies, et ceux des escadrons détachés, envoient toujours une ordonnance au commandant de la compagnie, avec le rapport de leur établissement. Ces ordonnances sont logées avec la garde, ou par les soins de l'adjudant, et sont toujours prêtes à marcher.

ART. 376.

Devoirs généraux de l'adjudant-major et de l'adjudant.

L'adjudant-major, aidé de l'adjudant, fait faire les signaux pour toute espèce de service, préside aux appels, reçoit au poste de la garde de police celui du soir, quand les escadrons le font isolément, et commande le service des officiers, à l'ordre, lors de l'arrivée.

ART. 377.

Devoirs généraux du lieutenant-major, &.

Le lieutenant-major s'occupe, avec le porte-étendard, de toutes les réclamations sur l'établissement de la compagnie en général et sur le logement de ses fractions.

ART. 378.

Devoirs généraux des lieutenans.

Le lieutenant de semaine surveille et dirige toutes les distributions.

Les lieutenans répondent de l'exactitude des officiers supérieurs et officiers inférieurs des escadrons à remplir les fonctions qui leur sont prescrites. Les uns et les autres doivent être munis, pour le voyage, d'une copie du présent titre *des Routes*.

ART. 379.

Toutes les sonneries, tant habituelles qu'imprévues, sont *Devoirs des trompettes.* répétées par les trompettes de chaque escadron, au centre de son quartier, sous la responsabilité du maréchal-des-logis en chef.

Le trompette-major commande la veille les trompettes qui doivent se réunir le lendemain pour sonner le réveil.

ART. 380.

En été, la compagnie arrivant de bonne heure au nouveau *Quart de ration d'a-voine, après l'arrivée* gîte, on fait manger aux chevaux un quart de ration d'avoine, *en été.* qu'on a eu soin de prélever sur celle du matin; mais on ne desselle qu'après les distributions, et alors on les fait boire et on leur donne du foin.

ART. 381.

Dès que les équipages sont arrivés, le maître sellier établit *Ateliers du maître* son atelier au voisinage du corps-de-garde ou des équipages, *sellier. Soins du maré-chal-vétérinaire.* pour faire les réparations nécessaires; de son côté, le maréchal-vétérinaire dispose tout ce qu'il faut pour le pansement.

ART. 382.

En cas de réunions ou de départs imprévus, soit de jour, *Réunions ou départs* soit de nuit, on sonne à cheval; à ce signal, les escadrons se *imprévus.* réunissent avec armes et bagages, et se rendent de suite au rassemblement général.

DÉTACHEMENS.

ART. 383.

Tout commandant de détachement, quel que soit son grade, *Autorité des chefs de* est par cela seul revêtu de toute l'autorité du commandant de *détachemens.* la compagnie pour le service, la police, la discipline et l'instruction.

ART. 384.

Le commandant d'un détachement doit être muni, *Contrôles, registres, &c*

1.° De l'ordre du départ, et d'une instruction, par écrit, sur l'objet et le service du détachement;

2.° D'une feuille de route;

3.° D'un certificat de cessation de paiement, dûment léga-
lisé, et mentionnant par emplois le nombre d'officiers supérieurs, inférieurs et gardes du détachement;

4.° D'un livret de solde;

5.° D'un contrôle nominatif et par rang de bataille des
officiers inférieurs et gardes, pour les rassemblemens et les
appels, et pour commander le service;

6.° Du contrôle annuel des officiers supérieurs, inférieurs
et gardes, par escadron, avec leur signalement et le numéro au
registre-matricule;

7.° Du contrôle annuel des chevaux, également par escadron,
avec le numéro et le signalement de chaque cheval, et à côté
le nom de l'officier inférieur ou garde qui le monte;

8.° De l'état détaillé des effets d'habillement, grand et petit
équipement, ainsi que des effets de harnachement du cheval
de chaque officier inférieur ou garde;

9.° D'un registre pour inscrire les recettes et dépenses de
toute espèce relatives à la solde et aux masses;

10.° D'un registre pour inscrire les distributions de subsistances en tout genre;

11.° D'un registre pour inscrire, d'une part, la recette;
d'autre part, la distribution des effets d'habillement, d'équipement et d'armement, qui pourraient lui être fournis des magasins de la compagnie ou de ceux de l'État : les distributions
y doivent toujours être enregistrées nominativement;

12.° D'un registre pour inscrire le produit de la vente des
fumiers, s'il y a lieu, ainsi que les dépenses d'achat et d'entretien des ustensiles d'écurie;

13.° D'un registre de correspondance;

14.° D'imprimés de feuilles de solde, feuilles d'appel, de
billets d'hôpital;

15.° D'un modèle de procès-verbal pour constater la mort
d'un cheval.

Le nombre des états et registres ci-dessus mentionnés peut
être réduit en raison de la force et de la durée des détachemens.

ART. 385.

Visites en route.

En route, il doit rendre visite aux officiers généraux, au
lieutenant de Roi ou commandant, et, en arrivant à sa destination, aux autorités civiles et militaires.

ART. 386.

Il doit observer scrupuleusement, tant en route qu'à sa destination, les instructions particulières qui lui ont été données, ainsi que l'ordre de service, les règles de police et d'administration établies à la compagnie, tant à l'égard des appels, de la tenue, de l'instruction, des punitions, des pansages, qu'à l'égard des distributions de fourrages, réparation de la ferrure, &c. ; s'en rapprocher toujours, s'il est dans l'impossibilité absolue de s'y conformer littéralement, et soumettre à l'approbation du commandant de la compagnie les modifications que nécessiteraient les localités ou les circonstances.

Ordre de service de la compagnie, suivi autant que possible.

ART. 387.

Il doit inscrire avec une grande exactitude, sur le registre à ce destiné, les mutations de toute nature qui peuvent survenir parmi les hommes et les chevaux, en rendre compte au lieutenant-major au fur et à mesure qu'elles ont lieu, ou du moins aussi fréquemment que possible, afin de le tenir au courant; se conformer à tout ce que prescrivent les réglemens à l'égard de chaque mutation; entretenir une correspondance suivie tant avec le lieutenant-commandant qu'avec le lieutenant-major, chacun pour ce qui rentre dans ses attributions; enfin, adresser au commandant de la compagnie, aux époques qu'il lui a fixées, un rapport général et détaillé sur tout ce qui concerne son détachement.

Mutations. Comptes à rendre.

ART. 388.

Lorsque la troupe doit rejoindre la compagnie, il se munit, avant son départ, d'une cessation de paiement en bonne forme. Il s'assure que les dégradations qui peuvent exister au quartier, ainsi que les détériorations qui pourraient avoir été faites aux fournitures de casernement, soient constatées et réparées aux frais de qui de droit.

Retour à la compagnie.

A son retour à la compagnie, le détachement est inspecté par le capitaine des gardes ou le lieutenant-commandant, s'il est commandé par un lieutenant; par le lieutenant de semaine, s'il est commandé par un sous-lieutenant; et par l'adjudant-major ou l'adjudant, s'il est commandé par un officier inférieur. En conséquence, le commandant du détachement doit faire prévenir le commandant de la compagnie de l'heure présumée de son arrivée, assez à temps pour que celui de ces officiers qui doit l'inspecter, puisse le faire à l'instant de son arrivée sur la place ou au quartier.

Le commandant du détachement remet au lieutenant-commandant les certificats de bien vivre; il se présente ensuite chez le capitaine des gardes, pour lui rendre compte, ainsi qu'il a dû le faire au lieutenant-commandant, de tout ce qui concerne le détachement. Il rend aussi compte au lieutenant-major et au trésorier de ce qui regarde l'administration et la comptabilité; aux commandans des divers escadrons qui avaient des hommes à son détachement, de tout ce qui intéresse ces hommes et leurs chevaux, sous les rapports de la police et de la comptabilité en deniers ou en distributions, comme sous ceux de l'habillement, de l'équipement, de l'armement, du harnachement, de la serrure, des médicamens, du casernement, &c.; enfin, il consomme, sans nul retard, en produisant les pièces à l'appui, les divers comptes auxquels son détachement a pu donner lieu avec chacun d'eux, ainsi qu'avec le trésorier et les officiers chargés de détails.

ESCORTES.

ART. 389.

Escortes.

Le commandant d'une escorte quelconque se trouve au rendez-vous à l'heure prescrite, et la maintient dans le meilleur ordre et la meilleure tenue.

La troupe doit être en bataille et sous les armes devant le palais ou le logement occupé par le Roi, le prince ou le cortége à escorter. Au moment où l'on se met en marche, la troupe se met aussi en mouvement, et le commandant se conforme aux instructions qu'il a reçues.

Il veille à ce que chacun se tienne à son rang, garde la bonne position à cheval, conserve ou prenne régulièrement l'allure nécessaire, et se comporte avec la décence, le respect et les égards convenables.

ART. 390.

Escorte d'un convoi.

Si l'escorte a pour objet la garde et la conservation d'un convoi, le commandant doit exiger que les voitures soient continuellement à quatre pas l'une de l'autre; il les partage, si cela convient, en plusieurs divisions.

Il fait éclairer la marche à deux ou trois cents pas, dans le but de connaître à temps les obstacles, de faire débarrasser la route, &c. ; il place le reste de sa troupe sur les flancs du convoi, se porte lui-même par-tout où il croit sa présence nécessaire, et ne perd de vue aucune des voitures qui le composent.

Il fait abréger raisonnablement les haltes inévitables pour le rafraîchissement des chevaux de trait, et ne permet pas que pendant ce temps personne s'éloigne.

Si quelque voiture reste en arrière par suite d'un accident quelconque, il fait arrêter le convoi, jusqu'à ce qu'elle l'ait rejoint ou que l'accident soit réparé. Si cette réparation exige trop de temps, il laisse, pour la garde de cette voiture, le nombre de gardes suffisant, ou envoie, s'il le faut, chercher les secours nécessaires ; il poursuit sa route avec le reste du convoi, et rend compte des retards ou des accidens qu'il a éprouvés.

Le tout étant arrivé à sa destination, il retire de qui de droit les reçus nécessaires, se conforme d'ailleurs aux instructions qu'il peut avoir, et fait les dispositions convenables pour le logement et la nourriture de sa troupe et de ses chevaux, si le gîte lui est dû.

ART. 391.

Les dispositions du titre *Détachement* sont observées, quand il y a lieu, pour les troupes employées aux escortes.

Dispositions du titre Détachement, communes aux escortes.

MAJOR DES GARDES-DU-CORPS
ET AIDES-MAJORS DES GARDES-DU-CORPS.

ART. 392.

Le major des gardes-du-corps et les deux aides-majors des gardes-du-corps rempliront, près du capitaine des gardes de service, et dans leurs rapports avec les quatre compagnies des gardes-du-corps du Roi, les fonctions de chefs et de sous-chefs d'état-major.

Major des gardes-du-corps et aides-majors des gardes-du-corps.

ADJUDANT DE L'HÔTEL.

ART. 393.

L'adjudant de l'hôtel est chargé de la police, de la conservation, de la propreté et de la bonne tenue des hôtels des esca-

Adjudant de l'hôtel.

drons de service près de Sa Majesté, et de la remise des logemens, suivant l'assiette établie pour le casernement, aux compagnies qui arrivent pour les occuper.

ART. 394.

Les réglemens antérieurs, sur le service intérieur, la police et la discipline des gardes-du-corps, sont et demeurent rapportés, et les modifications qui pourraient être apportées dans la suite à celui des troupes de cavalerie, seront appliquées auxdits gardes-du-corps du Roi et de S. A. R. Monsieur.

Donné en notre château des Tuileries, le quinzième jour du mois de Mai de l'an de grâce 1822, et de notre règne le vingt-septième.

Signé LOUIS.

Par le Roi.

Le Maréchal, Ministre Secrétaire d'état de la guerre,
Signé DE BELLUNE.

Pour ampliation.

L'Intendant général de l'administration,
PERCEVAL.

MODÈLES.

Modèle n.° 1.er
Art. 78.

ESCADRON PARTAGÉ EN PELOTONS ET ESCOUADES.

CAPITAINE COMMANDANT.

CAPITAINE EN SECOND.

PELOTONS.

1.er	2.e	3.e	4.e
1.er SOUS-LIEUTENANT.	1.er SOUS-LIEUTENANT.	2.e SOUS-LIEUTENANT.	3.e SOUS-LIEUTENANT.
1.er MARÉCHAL-DES-LOGIS.	1.er MARÉCHAL-DES-LOGIS.	2.e MARÉCHAL-DES-LOGIS.	2.e MARÉCHAL-DES-LOGIS.

ESCOUADES.

1.re		2.e		3.e		4.e		5.e		6.e		7.e		8.e

Regulateur.
Centre du corps.

Total des brigadiers et gardes du corps.
Maréchal-des-logis en chef.
Maréchaux-des-logis de 1.re et 2.e classe.
Brigadiers-fourriers.
Trompettes.

Force de l'escadron, non compris les officiers supérieurs.

La force de chaque escouade doit être toujours proportionnée à l'effectif de chaque escadron.

ESCADRON DE 48 FILES EN ORDRE DE BATAILLE.

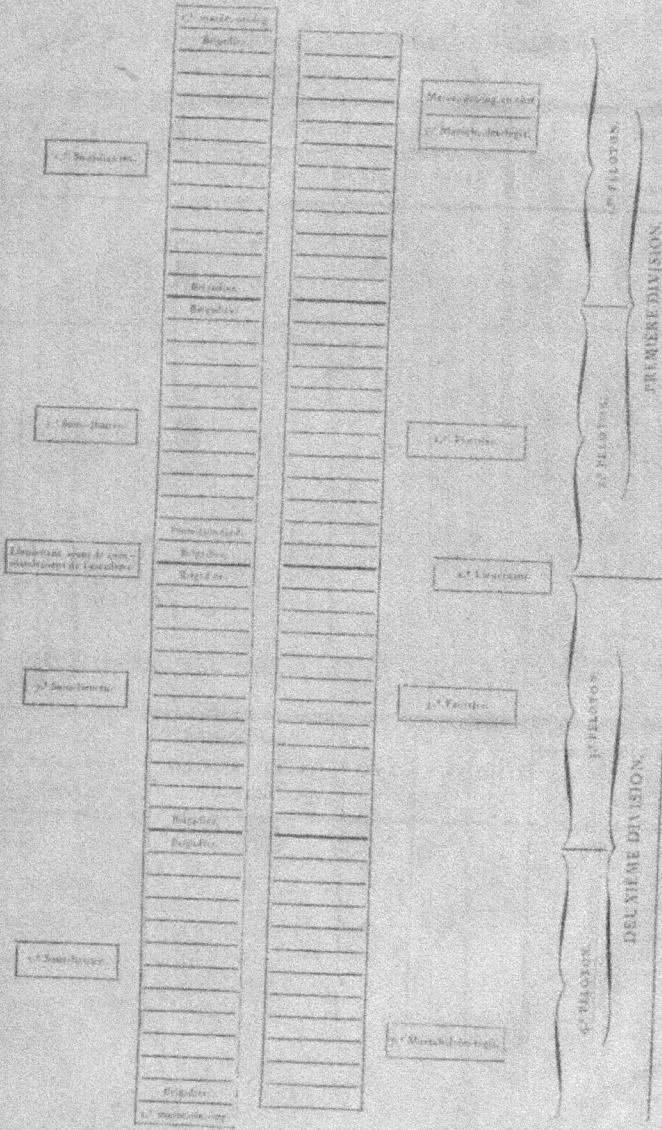

TABLEAU n.° 2.

Art. 78.

PREMIÈRE DIVISION.

DEUXIÈME DIVISION.

Quand on manœuvre par division, le premier rang détermine ordinairement la première, et le second sous-lieutenant la deuxième.

MODÈLE A.

Article 13.

REGISTRE *concernant le personnel de MM. les Officiers supérieurs,*
inférieurs et Gardes.

EMPLOIS dans LA COMPAGNIE.	NOMS.	PUNITIONS		REMARQUES PARTICULIÈRES ET SUCCESSIVES.
		DATES.	NATURE, DURÉE ET MOTIFS.	

MODÈLE B.

Article 13.

ÉTAT *des sujets les plus propres aux emplois d'Officiers inférieurs.*

EMPLOIS dans LA COMPAGNIE.	NUMÉROS des escadrons.	NOMS.	ÂGE.	RENSEIGNEMENS SUR LEURS SERVICES militaires.	OBSERVATIONS SUR LEUR ÉDUCATION sur leur instruction et sur leur conduite.

MODÈLE C.
Art. 103 — 141.

SITUATION ET RAPPORT de la Compagnie du

et M.

	OFFICIERS SUPÉRIEURS.				OFFICIERS INFÉRIEURS ET GARDES.														CHEVAUX						
					PRÉSENS.					ABSENS.							D'OFFICIERS supérieurs.		DE TROUPE.						
	Présens.	En congé. Détachés.	Effectif.	Manque au complet.	Sous les armes.	Aux arrêts.	En prison.	Malades.	TOTAL.	Détachés.	Aux hôpitaux.	Malades.	En congé. En prison. aux arrêts.	Au jugement.	TOTAL.	Effectif.	Manque au complet.	Présens.	Détachés.	Effectif.	Présens.	A l'infirmerie.	Détachés.	Effectif.	Manque au complet.
ÉTAT-MAJOR ...																									
1.er ESCADRON ...																									
2.e ESCADRON ...																									
TOTAUX																									

SERVICE DE SEMAINE.

LIEUTENANT M.

1.er Escadron ..
Sous-lieutent.t, M.
Maréchal-des-logis, M.
Brigadiers, MM.

2.e Escadron ..
Sous-lieut.t, M.
Maréchal-des-logis, M.
Brigadiers, MM.

SERVICE DE JOUR.

INDICATION des postes.	NOMS des officiers supérieurs ou inférieurs.	EMPLOIS.	TOTAL			
			des officiers supérieurs.	des officiers inférieurs.	gardes.	trompettes.

K k

MUTATIONS.........................

MANQUANT à l'appel......................

PUNITIONS....................

DEMANDES particulières....................

OBJETS divers....................

MODÈLE D.

Article 88.

SITUATION et RAPPORT du .ᵉ Escadron.

	PRÉZENS.					ABSENS.					CHEVAUX.				
	Sous les armes.	Aux arrêts.	En prison.	Malades.	TOTAL.	Détachés.	Avec blessure du lieu.	En congé.	En logement.	TOTAL.	Effectif.	Manque au complet.	Présens.	A l'infirmerie.	Détachés.	Effectif	Manque au complet.
Lieutenans. { premier.....															
second.....															
Sous-lieutenans.....															
TOTAL des Officiers supérieurs..															
Maréchal-des-logis chef.......															
Maréchaux-des-logis.. { de 1.ʳᵉ classe.															
de 2.ᵉ classe.															
Brigadiers-fourriers........															
Brigadiers.........															
Gardes-du-corps															
Trompettes.........															
TOTAL des Officiers inférieurs, Gardes et Trompettes.....															
Hommes d'équipage. { Chefs et Sous-chefs ...															
Hommes...........															

Mutations....................	
Manquant à l'appel.....	
Punitions...............	
Demandes particulieres	
Objets divers............	

MODÈLE E.

Article 88.

SITUATION au

	PRÉSENS.							ABSENS.						CHEVAUX.				
	Sous les armes.	En prison.	Aux arrêts.	Malades.			TOTAL.	Détachés.	Au dépôt, à l'hôpital.	Citoyens.	En congé.	En jugement.		TOTAL.	Effectif.	Manque au complet.	Propres.	À l'infirmerie.	Doublés.	Effectif.	Manque au complet.
Lieutenans. { premier.......																		
{ second.......																		
Sous-lieutenans																		
TOTAL des Officiers supérieurs....																		
Maréchal-des-logis chef....																		
Maréchaux-des-logis ... { de 1.re classe.																		
{ de 2.e classe.																		
Brigadiers-fourriers.......																		
Brigadiers.........																		
Gardes-du-corps........																		
Trompettes............																		
TOTAL des Officiers inférieurs, Gardes et Trompettes........																		

Au   L'effectif des Officiers inférieurs, Gardes et Trompettes, était de...

HOMMES.
{ GAINS......

                                        TOTAL........................

{ PERTES......

                    EFFECTIF au

Au   L'effectif des chevaux de troupe était de...........

CHEVAUX.
{ GAINS......

                                        TOTAL........................

{ PERTES......

                    EFFECTIF au

L.I

RAPPORT DE LA SEMAINE.

MUTATIONS..............

PERMISSIONS ACCORDÉES....

RÉCLAMATIONS...........

OBJETS DIVERS...........

www.ingramcontent.com/pod-product-compliance
Lightning Source LLC
Chambersburg PA
CBHW052212270326
41931CB00011B/2326